그림으로 쉽고 빠르게 기억하는

스크린 영단어 연상 기억술

한국두뇌개발교육원·한국기억술연구원 손 동 조 지음 | 박 채 수 그림

스크린 영단어 연상 기억술

2015. 3. 16. 초판 1쇄 인쇄
2015. 3. 25. 초판 1쇄 발행

지은이 | 손동조
그 림 | 박채수
펴낸이 | 이종춘
펴낸곳 | BM 성안당

주소 | 121-838 서울시 마포구 양화로 127 첨단빌딩 5층(출판기획 R&D 센터)
      | 413-120 경기도 파주시 문발로 112(제작 및 물류)
전화 | 02) 3142-0036
     | 031) 950-6300
팩스 | 031) 955-0510
등록 | 1973.2.1 제13-12호
출판사 홈페이지 | www.cyber.co.kr
ISBN | 978-89-315-7842-3 (13740)
정가 | 18,000원

이 책을 만든 사람들
책임 | 최옥현
편집·진행 | 정지현
본문 디자인 | 김인환
표지 디자인 | 박현정
홍보 | 전지혜
마케팅 | 구본철, 차정욱, 나진호, 이동후, 강호묵
제작 | 김유석

이 책의 어느 부분도 저작권자나 BM 성안당 발행인의 승인 문서 없이 일부 또는 전부를 사진 복사나 디스크 복사 및 기타 정보 재생 시스템을 비롯하여 현재 알려지거나 향후 발명될 어떤 전기적, 기계적 또는 다른 수단을 통해 복사하거나 재생하거나 이용할 수 없음.

※ 잘못된 책은 바꾸어 드립니다.

머리말

  이 도서는 '연상 기억술'로 누구나 수천 개의 영단어를 빠르고 재미있게, 그리고 오래 기억할 수 있도록 하기 위한데서 출발하였습니다.

  많은 사람들이 영단어를 기억하기 위해서 무작정 노트에 반복적으로 쓰면서 외우는 방법을 이용합니다. 하지만 그 방법은 당시는 잘 기억될지 모르지만 시간이 지나면 떠오르지 않는 경우가 많고, 시간과 노력에 비해 효율성이 떨어진다는 것을 한 번쯤은 느끼셨을 겁니다. 이러한 상황이 계속 반복되어 영단어 공부에 실증을 느낀다면 연상 기억술을 이용하여 암기하는 방법을 추천합니다.

이 책의 연상 기억술로 영단어 외우는 방법

1. 단어의 뜻을 잘 기억하기 위해 한글 발음과 동시에 그림으로 구조화(3의 원리를 이용하여 아홉 단어를 셋으로 나누어 3개의 그림으로 연상할 수 있게 하였음)하고, 한글의 유음 또는 방언 등을 반복적으로 사용하여 기억할 수 있도록 한다.
2. 한글의 발음과 최대한 비슷한 발음으로 연결하여 기억한다. 영어의 발음이 조금이나마 한글과 가깝게 하기 위해 단어의 발음이 한글과 조금 다를 수 있다.
3. 보다 쉽게 기억하기 위해서 영단어 쪽으로 유음의 비중을 더 두어 기억할 수 있도록 한다.

  영단어 암기는 백 번 말로 외우는 것보다 한 번 읽고, 그림을 보고 단어를 스토리화하는 것이 100배는 빠르게 기억할 수 있으며, 오래 머릿속에 남을 수 있습니다. 예를 들면, 「birthday : 〈명〉 버스타고 데이트 하는 날은 생일이다.」처럼 애인과 함께 생일날 정말로 버스 안에서 데이트 하는 것을 연상하면 금방 기억에 남습니다. 또 다른 예는 「holiday : 〈명〉 한라산에서 데이트 하는 날은 휴일·공휴일이다.」처럼 연인끼리 휴일이나 명절 때 한라산에 올라가 데이트 한다고 연상하면 이 단어는 자연스럽게 기억됩니다.

  이 책은 연상 기억술을 통해 영단어를 외우도록 학생들에게 직접 지도해보고 100% 암기가 되는 것을 확인한 후, 독자들에게 조금이나마 단어 암기에 대한 고민을 해결해 드리고자 심혈을 기울였습니다. 가장 기억하기 쉬운 『스크린 영단어 연상 기억술』로 기억력 향상과 영단어 기억에 많은 도움이 되길 바랍니다.

저자 손 동 조

차 례

Part 1 알파벳과 발음 & 공간위치 연상 기억

- The Alphabet ··· 6
- 알파벳 따라 쓰기 ·· 8
- 영어 발음 소리와 기호 ··· 9
- 영어 읽기 한글 발음 소리 ··· 12
- 그림 공간위치 기억하기 ··· 17
- 공간위치에 연상 결합하기 ·· 49

Part 2 구조화 연상 기억

- chapter 01~chapter 60 영어단어 유음 및 구조화 연상

    영어단어 뜻 확인 test
    - 1 start ~ 3 yell 영어단어 유음 및 구조화 연상 ···················· 61
    - 97 come ~ 100 cloth 영어단어 유음 및 구조화 연상 ············ 99
    - 101 among ~ 103 holiday 영어단어 유음 및 구조화 연상 ··· 101
    - 197 leaf ~ 200 pond 영어단어 유음 및 구조화 연상 ·········· 139
    - 201 cool ~ 203 stock 영어단어 유음 및 구조화 연상 ········· 141
    - 297 lawn ~ 300 charm 영어단어 유음 및 구조화 연상 ······· 179
    - 301 cause ~ 303 heaven 영어단어 유음 및 구조화 연상 ···· 181
    - 397 purpose ~ 400 chief 영어단어 유음 및 구조화 연상 ····· 219
    - 401 neglect ~ 403 have 영어단어 유음 및 구조화 연상 ······ 221
    - 497 lamb ~ 500 success 영어단어 유음 및 구조화 연상 ···· 259
    - 501 knock ~ 503 shadow 영어단어 유음 및 구조화 연상 ··· 261
    - 597 ugly ~ 600 last 영어단어 유음 및 구조화 연상 ············ 299

Index[A~Z] ·· 301

01

알파벳과 발음 & 공간위치 연상 기억

- The Alphabet
- 알파벳 따라 쓰기
- 영어 발음 소리와 기호
- 영어 읽기 한글 발음 소리
- 그림 공간위치 기억하기
- 공간위치에 연상 결합하기

THE AL

[에이] 에이프런

apron [앞치마]

[씨이] 캣

cat [고양이]

[디이] 대드

dad [아빠]

[이이] 엘프

elf [꼬마]

[아이] 인세트

inset [곤충]

[제이] 재규어

jaguar [표범]

[케이] 카이트

kite [연]

[오우] 어니언

onion [양파]

[피이] 피취
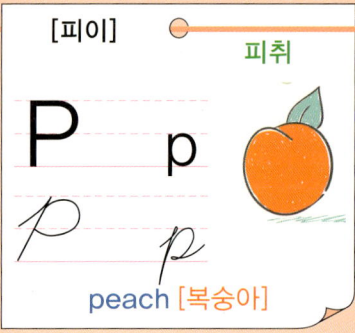
peach [복숭아]

[큐우] 퀸
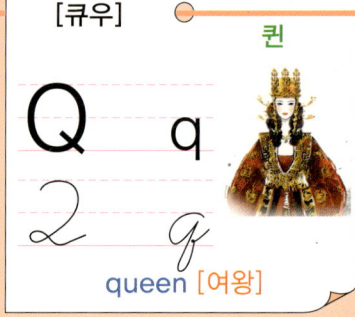
queen [여왕]

[유우] 엉클

uncle [삼촌]

[뷔이] 베스트

vest [조끼]

[더블유] 웹
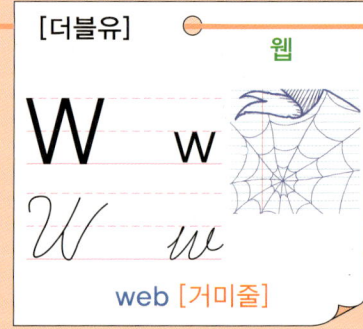
web [거미줄]

PHABET

[비이] 바이크
B b
bike [자전거]

[에프] 플라이
F f
fly [파리]

[지이] 그레이프
G g
grape [포도]
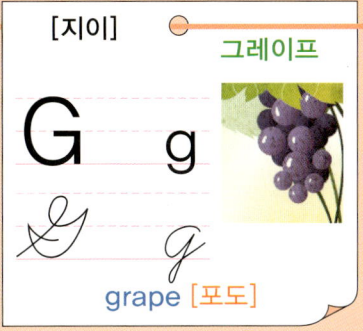

[에이치] 헤어
H h
hare [산토끼]

[엘] 라이언
L l
lion [사자]

[엠] 마우스
M m
mouse [생쥐]

[엔] 누들
N n
noodles [국수]

[아르] 라이스
R r
rice [밥]

[에스] 스페이스십
S s
spaceship [우주선]

[티이] 트레인
T t
train [기차]

[엑스] 자일러폰
X x
xylophone [실로폰]

[와이] 야크
Y y
yak [들소]
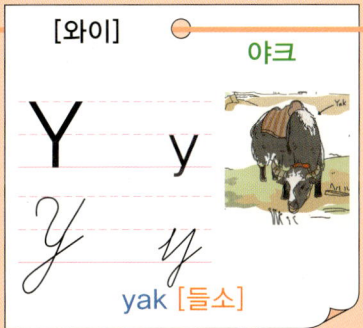

[제트] 지브러
Z z
zebra [얼룩말]

알파벳 alphabet 따라 쓰기

알파벳 대·소문자의 글자 선위를 따라 연필로 한 번 써 보세요.

대문자	소문자		대문자	소문자		대문자	소문자
A	a		B	b		C	c
에이			비이			씨이	
D	d		E	e		F	f
디이			이이			에프	
G	g		H	h		I	i
지이			에이취			아이	
J	j		K	k		L	l
제이			케이			엘	
M	m		N	n		O	o
엠			엔			오	
P	p		Q	q		R	r
피이			큐우			아르	
S	s		T	t		U	u
에스			티이			유우	
V	v		W	w		X	x
뷔이			더블유			엑스	
Y	y		Z	z			
와이			지이				

영어 발음 소리와 기호

자 음					
영어 발음	소리	기호	영어 발음	소리	기호
[b, v]	브	ㅂ	[ə́]	뜨	ㄸ
[d]	드	ㄷ	[h]	흐	ㅎ
[i]	이	ㅣ	[g]	그	ㄱ
[l, r]	러, 르	ㄹ	[ŋ]	응	ㅇ
[m]	므	ㅁ	[p, f]	프, 퍼	ㅍ
[n]	느	ㄴ	[k]	크	ㅋ
[z]	즈	ㅈ	[s]	스	ㅆ
[dʒ]	쥐	주	[t]	트	ㅌ
[ʒ]	지	ㅈ	[ʃ]	쉬	수
[tz]	쯔	ㅉ	[tʃ]	취	추
[t]	츠	ㅊ	[θ]	쓰	ㅆ

영어 발음기호 [자음] 기호와 소리 연상 기억하기

[자음]

1. g자는 숫자 9자 모양의 구에 [ㄱ][그]로 기억한다.
2. n자는 엔에 [ㄴ][느]로 기억한다.
3. d자는 디에 [ㄷ][드]로 기억한다.
   ð 디(d)자가 휘어져 있는 모양 [ㄸ][뜨]로 기억한다.
4. l자는 엘에 [ㄹ][러]로 기억하고, r자는 알에 [ㄹ][르]로 기억한다.
5. m자는 엠에 [ㅁ][므]로 기억한다.
6. b자는 비에 [ㅂ][브]로 기억하고, v자는 브이에 [ㅂ][브]로 기억한다.
7. s자는 에스에 [ㅅ][스]로 기억한다.
8. z자는 즈에 [ㅈ][즈]로 기억한다.
   ʒ자 모양을 변형하여 [ㅈ][지]로 기억한다.
9. k자는 케이에 [ㅋ][크]로 기억한다.
10. t자는 티에 [ㅌ][트]로 기억한다.
11. p자는 피에 [ㅍ][프]로 기억하고, f자는 포크 모양 [ㅍ][퍼]로 기억한다.
12. h자는 힐에 언덕 모양을 연상하고 [ㅎ][흐]로 기억한다.
13. θ자는 쓰리 퍼 모양 [ㅆ][쓰]로 기억한다.
14. ʃ자는 어린아이의 오줌 줄기 모양을 연상하여 [수][쉬]로 기억한다.
15. tʃ티자가 앞에 있으므로 술에 취한 사람이 [추][취]해서 쉬하니 오줌이 튀는 모습으로 기억한다.
16. ŋ자는 웅덩이의 모습으로 연상하여 [ㅇ][응]으로 기억한다.
17. j자는 제이의 이자를 생각하여 [ㅣ][이]로 기억한다.
18. dʒ자는 돼지 뱃속에 쥐가 들어가 있는 모습을 연상하여 [주][쥐]로 기억한다.
19. w자는 우는 아이 찡그린 두 눈의 모습으로 연상하여 [ㅜ][우]로 기억한다.
20. tz자는 물이 튀지 않는 모습으로 연상하여 [ㅉ]로 기억한다.
21. 모음 앞의 tʃ자는 [ㅊ]으로 기억한다.

영어 발음기호 [모음] 기호와 소리 연상 기억하기

[단모음]

1. a자는 아메리카에 아~자 장음, [ㅏ]로 기억한다.
2. ə자는 어~ 하고 소리 낼 때 혀가 말려 있는 모습으로 어~자 장음, [ㅓ]로 기억한다.
   ʌ자는 어하고 소리가 꺾기는 모양으로 [ㅓ]로 기억한다.
3. ɔ오자가 완성되지 못해도 오로 보고, 오~자 장음, [ㅗ]로 기억한다.
   O자는 완성된 영어의 오자 [ㅗ]로 기억한다.
4. u자는 우물의 모습을 연상하여 [ㅜ]로 기억한다. 우~자 장음으로 기억한다.
5. æ자는 애벌레가 웅크리고 있는 모습을 연상하여 애자 [ㅐ]로 기억한다.
6. e자는 애벌레가 반이 잘린 에자 [ㅔ]로 기억한다.
   ɛ자는 에어가 차서 불룩 튀어나온 모습 [ㅔ]로 기억한다.
7. i자는 아이에 이자 [ㅣ]로 기억한다. 이~자 장음으로 기억한다.
8. ei자는 애벌레가 반이 잘려있는 모습, 에와 이가 합쳐서 [ㅔㅣ]로 기억한다.

[이중모음]

1. ai자는 아메리카에 아, 아이에 이가 합쳐서 [아이]로 기억한다.
   aiə자는 아메리카에 아, 아이에 이, 어가 합쳐서 [아이어]로 기억한다.
2. au자는 아메리카에 아, 우물 모양의 우가 합쳐서 [아우]로 기억한다.
   auə자는 아메리카에 아, 우물 모양의 우, 어가 합쳐서 [아우어]로 기억한다.
3. ou자는 영어의 오, 우물 모양의 우가 합쳐서 [오우]로 기억한다.
4. ɔi자는 미완성 오, 아이에 이가 합쳐서 [오이]로 기억한다.
5. ɔə자는 미완성 오, 혀가 말린 어가 합쳐서 [오어]로 기억한다.
6. uə자는 우물의 우, 혀가 말린 어가 합쳐서 [우어]로 기억한다.
7. ɛə자는 에어가 차서 불룩 튀어나온 모습의 에, 혀 말린 어가 합쳐서 [에어]로 기억한다.
8. iə자는 아이에 이, 혀 말린 어가 합쳐서 [이어]로 기억한다.

영어 읽기 한글 발음 소리

1. 단모음 Aa → 애

can	ㅋ + 애 + ㄴ = 캔 (캔)
fan	ㅍ + 애 + ㄴ = 팬 (선풍기)
man	ㅁ + 애 + ㄴ = 맨 (남자)
cat	ㅋ + 애 + 트 = 캣 (고양이)
hat	ㅎ + 애 + 트 = 햇 (모자)
mat	ㅁ + 애 + 트 = 매트 (돗자리)

2. 단모음 Ee → 에

hen	ㅎ + 에 + ㄴ = 헨 (암탉)
pen	ㅍ + 에 + ㄴ = 펜 (펜)
ten	ㅌ + 에 + ㄴ = 텐 (10)
jet	즈 + 에 + 트 = 줴트 (제트기)
net	ㄴ + 에 + 트 = 네트 (그물)
wet	우 + 에 + 트 = 웨트 (젖은)

3. 단모음 Ii → 이

pig	ㅍ + 이 + 그 = 피그 (돼지)
wig	우 + 이 + 그 = 위그 (가발)
fin	ㅍ + 이 + ㄴ = 핀 (지느러미)
pin	ㅍ + 이 + ㄴ = 핀 (핀)
hit	ㅎ + 이 + 트 = 히트 (치다)
sit	ㅆ + 이 + 트 = 씨트 (앉다)

영어 읽기 한글 발음 소리

4. 단모음 O o → 아

hop	ㅎ + 아 + ㅍ = 하프 (뛰다)
mop	ㅁ + 아 + ㅍ = 마프 (대걸레)
top	ㅌ + 아 + ㅍ = 타프 (꼭대기)
dot	ㄷ + 아 + ㅌ = 다트 (점)
hot	ㅎ + 아 + ㅌ = 하트 (뜨거운)
pot	ㅍ + 아 + ㅌ = 파트 (냄비)

5. 단모음 U u → 어

bug	ㅂ + 어 + ㄱ = 버그 (벌레)
hug	ㅎ + 어 + ㄱ = 허그 (껴안다)
mug	ㅁ + 어 + ㄱ = 머그 (머그컵)
cut	ㅋ + 어 + ㅌ = 커트 (자르다)
hut	ㅎ + 어 + ㅌ = 허트 (오두막)
nut	ㄴ + 어 + ㅌ + 너트 (견과류)

6. 장모음 A a → 에이

bake	ㅂ + 에이 + ㅋ = 베이크 (굽다)
cake	ㅋ + 에이 + ㅋ = 케이크 (케이크)
game	ㄱ + 에이 + ㅁ = 게임 (게임)
lake	ㄹ + 에이 + ㅋ = 레이크 (호수)
tape	ㅌ + 에이 + ㅍ = 테이프 (테이프)
vase	ㅂ + 에이 + ㅅ = 베이스 (꽃병)

영어 읽기 한글 발음 소리

7. 장모음 E e → 이-

he	ㅎ + 이- = 히- (그 남자)
she	쉬 + 이- = 쉬- (그 여자)
me	ㅁ + 이- = 미- (나를, 나에게)
we	우 + 이- = 위- (우리)

＊ 단어 끝에 오는 'e'는 자기는 소리를 내지 않고, 자기 바로 앞에 있는 모음을 장모음으로 변화시킨다.

8. 장모음 I i → 아이

bike	ㅂ + 아이 + 크 = 바이크 (자전거)
fire	ㅍ + 아이 + r(얼) = 파이얼 (불)
kite	ㅋ + 아이 + 트 = 카이트 (연)
nine	ㄴ + 아이 + ㄴ = 나인 (9)
pine	ㅍ + 아이 + ㄴ = 파인 (소나무)
time	ㅌ + 아이 + ㅁ = 타임 (시간)

9. 장모음 O o → 오우

cone	ㅋ + 오우 + ㄴ = 코운 (아이스크림 콘)
home	ㅎ + 오우 + ㅁ = 호움 (집)
hose	ㅎ + 오우 + 즈 = 호우즈 (호스)
note	ㄴ + 오우 + 트 = 노우트 (공책)
robe	ㄹ + 오우 + 브 = 로우브 (가운)
rope	ㄹ + 오우 + ㅍ = 로우프 (밧줄)

영어 읽기 한글 발음 소리

10. 장모음 U u → 유-

cube	ㅋ + 유- + 브 = 큐브 (정육면체)
cute	ㅋ + 유- + 트 = 큐트 (귀여운)
fuse	ㅍ + 유- + 즈 = 퓨즈 (퓨즈)
June	ㅈ + 유- + ㄴ = 쥰 (6월)
mule	ㅁ + 유- + ㄹ = 뮬 (고집쟁이)
tube	ㅌ + 유- + 브 = 튜브 (튜브, 관)

11. 이중자음 ng → 응, ㅇ

king	킹 (왕)
ring	링 (반지)
sing	싱 (노래하다)
wing	윙 (날개)
swing	스윙 (그네)
strong	스트롱 (강한)

12. 이중자음 nk → 응크

ink	잉크 (잉크)
bank	뱅크 (은행)
pink	핑크 (분홍색)
sink	씽크 (가라앉다)
wink	윙크 (윙크하다)
drink	드링크 (마시다)

영어 읽기 한글 발음 소리

13. 이중자음 ch → 취

church	춰얼취 [취+어+r(얼)+취] (교회)
cheese	취이-즈 (치즈)
cherry	췌리 (체리)
bench	벤취 (의자)
lunch	런취 (점심)
branch	브랜취 (나뭇가지)

14. 이중자음 sh → 쉬

ship	쉽 (배)
shop	샵 (가게)
shell	쉘 (껍데기)
fish	피쉬 (물고기)
wash	워쉬 (씻다)
brush	브러쉬 (닦다)

0. A [airport 에어포트] 공항의 장면

영어단어 결합을 위한 1~9까지 그림 공간위치 기억하기

기억의 방 위치	좌	중	우
상	1. 관제탑	4. 비행기	7. 스웨터
중	2. 담장	5. 유리창	8. 여행가방
하	3. 화분	6. 여행객	9. 아이

10. B [bus 버스] 버스 정류소의 장면

영어단어 결합을 위한 11~19까지 그림 공간위치 기억하기

기억의 방 위치	좌	중	우
상	11. 버스 지붕	14. 버스 표지판	17. 스쿨버스
중	12. 운전기사	15. 아이들 머리	18. 차도
하	13. 바퀴	16. 아이들 옷	19. 학교

20. C [camp 캠프] 캠프 야영지의 장면

영어단어 결합을 위한 21~29까지 그림 공간위치 기억하기

기억의 방 위치	좌	중	우
상	21. 태양	24. 숲	27. 야자수
중	22. 강아지	25. 텐트	28. 해먹
하	23. 통나무	26. 모닥불	29. 물통

30. D [draw 드로우] 그리는 화가의 장면

영어단어 결합을 위한 31~39까지 그림 공간위치 기억하기

기억의 방 위치	좌	중	우
상	31. 액자	34. 연필	37. 모델
중	32. 이젤	35. 종이배	38. 도화지
하	33. 베레모	36. 크레파스	39. 화가

40. E [earth 어스] 지구 하늘 땅의 장면

영어단어 결합을 위한 41~49까지 그림 공간위치 기억하기

기억의 방 위치	좌	중	우
상	41. 별	44. 에펠탑	47. 자전거
중	42. 달	45. 스포츠카	48. 꽃밭
하	43. 지구	46. 자유의 여신상	49. 가로등

Part 1 알파벳과 발음 & 공간위치 연상 기억 21

50. F [farm 팜] 농장 원두막의 장면

영어단어 결합을 위한 51~59까지 그림 공간위치 기억하기

기억의 방 위치	좌	중	우
상	51. 철망	54. 젖소 머리	57. 양떼
중	52. 닭	55. 젖소 등	58. 막대기
하	53. 농부 장화	56. 우유통	59. 목동

영어단어 공간위치에 결합한 단어 기억하여 뜻 쓰기 [1]

A (airport 에어포트) 0. 공항의 장면 1~9까지 공간위치 영어단어 뜻 쓰기

0. 공항	1.	2.	3.	4.
5.	6.	7.	8.	9.

B (bus 버스) 10. 버스 정류소의 장면 11~19까지 공간위치 영어단어 뜻 쓰기

10. 버스	11.	12.	13.	14.
15.	16.	17.	18.	19.

C (camp 캠프) 20. 캠프 야영지의 장면 21~29까지 공간위치 영어단어 뜻 쓰기

20. 캠프	21.	22.	23.	24.
25.	26.	27.	28.	29.

D (draw 드로우) 30. 그리는 화가의 장면 31~39까지 공간위치 영어단어 뜻 쓰기

30. 화가	31.	32.	33.	34.
35.	36.	37.	38.	39.

E (earth 어스) 40. 지구 하늘 땅의 장면 41~49까지 공간위치 영어단어 뜻 쓰기

40. 지구	41.	42.	43.	44.
45.	46.	47.	48.	49.

F (farm 팜) 50. 농장 원두막의 장면 51~59까지 공간위치 영어단어 뜻 쓰기

50. 농장	51.	52.	53.	54.
55.	56.	57.	58.	59.

60. G [ground 그라운드] 학교 운동장의 장면

영어단어 결합을 위한 61~69까지 그림 공간위치 기억하기

기억의 방 위치	좌	중	우
상	61. 농구대	64. 철봉	67. 아이 모자
중	62. 농구공	65. 쓰레기통	68. 아이 손
하	63. 축구골대	66. 빗자루	69. 뜀틀

70. H [hiking 하이킹] 걷기 여행의 장면

영어단어 결합을 위한 71~79까지 그림 공간위치 기억하기

기억의 방 위치	좌	중	우
상	71. 침낭	74. 산	77. 허수아비 모자
중	72. 배낭	75. 표지판	78. 허수아비
하	73. 등산객	76. 등산로	79. 기차

80. I [island 아일랜드] 여러 섬의 장면

영어단어 결합을 위한 81~89까지 그림 공간위치 기억하기

기억의 방 위치	좌	중	우
상	81. 비치볼	84. 독도깃발	87. 태극기
중	82. 돌고래	85. 독도	88. 갈매기
하	83. 바다	86. 배	89. 경비대

90. J [job 잡] 여러 직업의 장면

영어단어 결합을 위한 91~99까지 그림 공간위치 기억하기

기억의 방 위치	좌	중	우
상	91. 칠판	94. 의사머리	97. 사다리
중	92. 선생님	95. 가운	98. 소방차
하	93. 책상	96. 의자	99. 호스

Part 1 알파벳과 발음 & 공간위치 연상 기억

100. K [kitchen 키친] 부엌의 장면

영어단어 결합을 위한 101~109까지 그림 공간위치 기억하기

기억의 방 위치	좌	중	우
상	101. 커튼	104. 냄비	107. 양념통
중	102. 테이블	105. 앞치마	108. 포크
하	103. 채소 박스	106. 냉장고	109. 프라이팬

110. L [library 라이브러리] 도서관의 장면

영어단어 결합을 위한 111~119까지 그림 공간위치 기억하기

기억의 방 위치	좌	중	우
상	111. 시계	114. 책장	117. 빨간 옷
중	112. 전화기	115. 책	118. 노트
하	113. 메모지	116. 모니터	119. 바닥

영어단어 공간위치에 결합한 단어 기억하여 뜻 쓰기 [2]

G (ground 그라운드) 60. 학교 운동장의 장면 61~69까지 공간위치 영어단어 뜻 쓰기

60. 운동장	61.	62.	63.	64.
65.	66.	67.	68.	69.

H (hiking 하이킹) 70. 걷기 여행의 장면 71~79까지 공간위치 영어단어 뜻 쓰기

70. 여행	71.	72.	73.	74.
75.	76.	77.	78.	79.

I (island 아일랜드) 80. 여러 섬의 장면 81~89까지 공간위치 영어단어 뜻 쓰기

80. 섬	81.	82.	83.	84.
85.	86.	87.	88.	89.

J (job 잡) 90. 여러 직업의 장면 91~99까지 공간위치 영어단어 뜻 쓰기

90. 직업	91.	92.	93.	94.
95.	96.	97.	98.	99.

K (kitchen 키친) 100. 부엌의 장면 101~109까지 공간위치 영어단어 뜻 쓰기

100. 부엌	101.	102.	103.	104.
105.	106.	107.	108.	109.

L (library 라이브러리) 110. 도서관의 장면 111~119까지 공간위치 영어단어 뜻 쓰기

110. 도서관	111.	112.	113.	114.
115.	116.	117.	118.	119.

120. M [market 마켓] 상점의 장면

영어단어 결합을 위한 121~129까지 그림 공간위치 기억하기

기억의 방 위치	좌	중	우
상	121. 선물상자	124. 지붕	127. 단풍잎
중	122. 간판	125. 나무	128. 벤치
하	123. 쇼핑백	126. 진열대	129. 원피스

130. N [new 뉴스] 뉴스의 장면

영어단어 결합을 위한 131~139까지 그림 공간위치 기억하기

기억의 방 위치	좌	중	우
상	131. 헤드폰	134. 안테나	137. 영사기
중	132. 마이크	135. 방송국	138. 렌즈
하	133. 원고	136. TV	139. 삼각대

140. O [office 오피스] 사무실의 장면

영어단어 결합을 위한 141~149까지 그림 공간위치 기억하기

기억의 방 위치	좌	중	우
상	141. 창문	144. 넥타이	147. 문서함
중	142. 서류	145. 와이셔츠	148. 컴퓨터
하	143. 서랍장	146. 바지	149. 커피잔

150. P [park 파크] 공원의 장면

영어단어 결합을 위한 151~159까지 그림 공간위치 기억하기

기억의 방 위치	좌	중	우
상	151. 유모차	154. 아들	157. 붓
중	152. 아기	155. 아빠	158. 물감
하	153. 바퀴	156. 딸	159. 스케치북

160. Q [queen 퀸] 여왕 궁전의 장면

영어단어 결합을 위한 161~169까지 그림 공간위치 기억하기

기억의 방 위치	좌	중	우
상	161. 왕관	164. 촛불	167. 첼로
중	162. 목걸이	165. 딸기	168. 전자오르간
하	163. 반지	166. 문	169. 관객

170. R [robot 로봇] 로봇 만들기의 장면

영어단어 결합을 위한 171~179까지 그림 공간위치 기억하기

기억의 방 위치	좌	중	우
상	171. 로봇	174. 로켓	177. 박사 모자
중	172. 너트	175. 토끼	178. 상품
하	173. 나사못	176. 코끼리	179. 상장

영어단어 공간위치에 결합한 단어 기억하여 뜻 쓰기 [3]

M (market 마켓) 120. 상점의 장면 121~129까지 공간위치 영어단어 뜻 쓰기

120. 상점	121.	122.	123.	124.
125.	126.	127.	128.	129.

N (new 뉴스) 130. 뉴스의 장면 131~139까지 공간위치 영어단어 뜻 쓰기

130. 뉴스	131.	132.	133.	134.
135.	136.	137.	138.	139.

O (office 오피스) 140. 사무실의 장면 141~149까지 공간위치 영어단어 뜻 쓰기

140. 사무실	141.	142.	143.	144.
145.	146.	147.	148.	149.

P (park 파크) 150. 공원의 장면 151~159까지 공간위치 영어단어 뜻 쓰기

150. 공원	151.	152.	153.	154.
155.	156.	157.	158.	159.

Q (queen 퀸) 160. 여왕 궁전의 장면 161~169까지 공간위치 영어단어 뜻 쓰기

160. 여왕	161.	162.	163.	164.
165.	166.	167.	168.	169.

R (robot 로봇) 170. 로봇 만들기의 장면 171~179까지 공간위치 영어단어 뜻 쓰기

170. 로봇	171.	172.	173.	174.
175.	176.	177.	178.	179.

180. S [summer 섬머] 여름 해변의 장면

영어단어 결합을 위한 181~189까지 그림 공간위치 기억하기

기억의 방 위치	좌	중	우
상	181. 구름	184. 수영복	187. 야자수잎
중	182. 튜브	185. 모래	188. 열매
하	183. 파라솔	186. 꽃게	189. 나무

190. T [toy 토이] 장난감의 장면

영어단어 결합을 위한 191~199까지 그림 공간위치 기억하기

기억의 방 위치	좌	중	우
상	191. 곰돌이	194. 건물	197. 아기방
중	192. 로봇 몸통	195. 무지개	198. 가족
하	193. 큐브	196. 한글 주사위	199. 테니스 라켓

200. U [umpire 엄파이어] 야구 심판의 장면

영어단어 결합을 위한 201~209까지 그림 공간위치 기억하기

기억의 방 위치	좌	중	우
상	201. 경기장	204. 야구모자	207. 알약
중	202. 축구공	205. 야구공	208. 병원
하	203. 신발	206. 방망이	209. 잔디

210. V [village 빌리지] 한옥 마을의 장면

영어단어 결합을 위한 211~219까지 그림 공간위치 기억하기

기억의 방 위치	좌	중	우
상	211. 기와집	214. 함박눈	217. 소나무
중	212. 상모	215. 우산	218. 장독
하	213. 리어카	216. 목도리	219. 한복

220. W [winter 윈터] 겨울 풍경의 장면

영어단어 결합을 위한 221~229까지 그림 공간위치 기억하기

기억의 방 위치	좌	중	우
상	221. 연	224. 기러기	227. 사슴
중	222. 털 귀마개	225. 썰매	228. 산타모자
하	223. 얼레	226. 얼음판	229. 산타수염

230. X [x-ray 엑스레이] 엑스레이의 장면

영어단어 결합을 위한 231~239까지 그림 공간위치 기억하기

기억의 방 위치	좌	중	우
상	231. 갈비뼈	234. 눈	237. 의사
중	232. 볼펜	235. 귀	238. 발목뼈
하	233. 차트	236. 입	239. 빨간 구두

영어단어 — 공간위치에 결합한 단어 기억하여 뜻 쓰기 [4]

S (summer 섬머) 180. 여름 해변의 장면 181~189까지 공간위치 영어단어 뜻 쓰기

180. 여름	181.	182.	183.	184.
185.	186.	187.	188.	189.

T (toy 토이) 190. 장난감의 장면 191~199까지 공간위치 영어단어 뜻 쓰기

190. 장난감	191.	192.	193.	194.
195.	196.	197.	198.	199.

U (umpire 엄파이어) 200. 야구 심판의 장면 201~209까지 공간위치 영어단어 뜻 쓰기

200. 심판	201.	202.	203.	204.
205.	206.	207.	208.	209.

V (village 빌리지) 210. 한옥 마을의 장면 211~219까지 공간위치 영어단어 뜻 쓰기

210. 마을	211.	212.	213.	214.
215.	216.	217.	218.	219.

W (winter 윈터) 220. 겨울 풍경의 장면 221~229까지 공간위치 영어단어 뜻 쓰기

220. 겨울	221.	222.	223.	224.
225.	226.	227.	228.	229.

X (x-ray 엑스레이) 230. 엑스레이의 장면 231~239까지 공간위치 영어단어 뜻 쓰기

230. 엑스레이	231.	232.	233.	234.
235.	236.	237.	238.	239.

240. Y [yacht 요트] 요트 경기장의 장면

영어단어 결합을 위한 241~249까지 그림 공간위치 기억하기

기억의 방 위치	좌	중	우
상	241. 요트	244. 빨간 공	247. 가수
중	242. 수평선	245. 물놀이 아이	248. 마이크
하	243. 하트꽃	246. 슬리퍼	249. 무대

250. Z [zoo 쥬] 동물원의 장면

영어단어 결합을 위한 251~259까지 그림 공간위치 기억하기

기억의 방 위치	좌	중	우
상	251. 애드벌룬	254. 코끼리 엉덩이	257. 원숭이 옷
중	252. 사자	255. 코끼리 다리	258. 해
하	253. 얼룩말	256. 참새	259. 토끼 옷

| 영어단어 | 공간위치에 결합한 단어 기억하여 뜻 쓰기 [5] |

Y (yacht 요트) 240. 요트 경기장의 장면 241~249까지 공간위치 영어단어 뜻 쓰기

240. 요트	241.	242.	243.	244.
245.	246.	247.	248.	249.

Z (zoo 쥬) 250. 동물원의 장면 251~259까지 공간위치 영어단어 뜻 쓰기

250. 동물원	251.	252.	253.	254.
255.	256.	257.	258.	259.

기억력 향상을 위한
단어 결합 훈련의 이해

앞에서 공부한 공항의 장면부터 동물원의 장면까지 공간 위치를 먼저 기억하고 나서 각 장면에 9개 단어를 연상 결합하여 기억 회생하는 훈련입니다.

지금부터는 어떠한 단어가 나오더라도 나는 기억할 수 있다는 자신감을 가지고 기억훈련에 임하기 바랍니다.

예를 들어 공항의 장면에 ① 관제탑 ② 담장 ③ 화분이 있습니다.
여기다 결합할 단어는 ① 화살 ② 개미 ③ 예술을 기억한다면,
관제탑에 화살이 꽂혀있다. 그리고 담장에는 개미가 기어 올라간다. 아래쪽에 화분을 보고 정말 예술적으로 잘 만든 화분이다.

이러한 방법으로 한 장면에 주어진 아래 단어를 연상 결합하면 연결된 단어들이 순서에 맞게 떠오르게 됩니다. 그러면 앞쪽 공간위치에 있는 기억 회생하여 쓰기란에 결합한 낱말들을 9개씩 적으면 됩니다.
이렇게 A~Z까지 한 장면씩 단어 훈련을 해 나가길 바랍니다. 어느 장면이나 훈련자가 번호 위치를 정해 놓고 쉬운 사물 이름부터 훈련해나가다 보면 자동적으로 두뇌가 발달되는 동시에 집중력과 기억력이 향상되고, IQ가 높아지게 됩니다.

공간위치에 연상 결합하기 [1]

공간의 장면을 떠올리며 그 번호 위치에 아래 단어를 연상 결합하세요.

0. A [airport]공항의 장

① arrow(애로우) 화살	④ album(앨범) 사진첩	⑦ anger(앵그리) 화난
② ant(앤트) 개미	⑤ animal(애니멀) 동물	⑧ afternoon(앱터누운) 오후
③ art(아~트) 예술	⑥ ankle(앵클) 발목	⑨ alley(앨리) 골목길

10. B [bus]버스 정류소의 장

① bed(베드) 침대	④ ball(볼) 공	⑦ bank(뱅크) 은행
② book(북) 책	⑤ boat(보트) 보트	⑧ baby(베이비) 갓난애
③ bear(베어) 곰	⑥ basket(배스킷) 바구니	⑨ bag(백) 가방

20. C [camp]캠프 야영지의 장

① car(카~) 자동차	④ candle(캔들) 양초	⑦ cap(캡) 모자
② camel(캐멀) 낙타	⑤ can(캔) 깡통	⑧ camera(캐머러) 사진기
③ cup(컵) 컵	⑥ cake(케익) 케이크	⑨ cattle(캐틀) 소

공간위치에 연상 결합하기 [2]

공간의 장면을 떠올리며 그 번호 위치에 아래 단어를 연상 결합하세요.

30. D [draw]그리는 화가의 장

① dish(디쉬) 접시	④ diary(다이어리) 일기	⑦ deer(디어) 사슴
② dog(독) 개	⑤ daughter(도~터) 딸	⑧ dress(드레스) 의복
③ doll(달) 인형	⑥ dance(댄스) 춤	⑨ doctor(닥터) 의사

40. E [earth]지구 하늘 땅의 장

① elevator(엘리베이터) 승강기	④ ear(이어) 귀	⑦ evening(이브닝) 저녁
② elephant(엘러펀트) 코끼리	⑤ eagle(이~걸) 독수리	⑧ elf(엘프) 요정
③ eyebrow(아이브로우) 눈썹	⑥ egg(에그) 달걀	⑨ eel(이일) 뱀장어

50. F [farm]농장 원두막의 장

① fish(피쉬) 물고기	④ face(페이스) 얼굴	⑦ fan(팬) 부채
② fire(파이어) 불	⑤ farmer(파~머) 농부	⑧ fox(팍스) 여우
③ frog(프록~) 개구리	⑥ fork(포~크) 쇠스랑	⑨ father(파~더) 아버지

공간위치에 연상 결합하기 [3]

공간의 장면을 떠올리며 그 번호 위치에 아래 단어를 연상 결합하세요.

60. G [ground]학교 운동장의 장

① girl(거~얼) 소녀	④ garden(가~든) 정원	⑦ gold(고울드) 금
② goat(고우트) 염소	⑤ gate(게이트) 문	⑧ guest(게스트) 손님
③ grass(그래스) 잔디	⑥ gift(기프트) 선물	⑨ glass(글래스) 유리컵

70. H [hiking]걷기 여행의 장

① ham(햄) 햄	④ hand(핸드) 손	⑦ honey(허니) 벌꿀
② hat(햇) 모자	⑤ hell(힐) 언덕	⑧ head(헤드) 머리
③ hippo(히포우) 하마	⑥ home(호움) 집	⑨ horse(호~스) 말

80. I [island]여러 섬의 장

① igloo(이글루~) 얼음집	④ iron(아이언) 쇠, 철	⑦ image(이미쥐) 모습
② ink(잉크) 잉크	⑤ inside(인사이드) 안쪽	⑧ ice(아이스) 얼음
③ Indian(인디언) 인디언	⑥ idea(아이디~어) 생각	⑨ ill(일) 병든

공간위치에 연상 결합하기 [4]

공간의 장면을 떠올리며 그 번호 위치에 아래 단어를 연상 결합하세요.

90. J [job]여러 직업의 장

① jam(잼) 잼	④ january(재뉴에리) 1월	⑦ jug(쥐그) 물주전자
② jelly(젤리) 젤리	⑤ jaw(저~) 턱	⑧ jump(점프) 뛰다
③ jet(쩨트) 제트기	⑥ jewel(쥬~얼) 보석	⑨ jungle(정글) 밀림

100. K [kitchen]부엌의 장

① key(키-) 열쇠	④ king(킹) 왕	⑦ knife(나이프) 칼
② kind(카인드) 친절한	⑤ kill(킬) 죽이다	⑧ kiss(키스) 입맞춤
③ koala(코우알러) 코알라	⑥ kick(킥) 차다	⑨ korea(커리~어) 한국

110. L [library]도서관의 장

① lamp(램프) 램프	④ lake(레이크) 호수	⑦ love(러브) 사랑
② leg(레그) 인간, 동물의 다리	⑤ lamb(램) 새끼 양	⑧ line(라인) 선
③ lady(레이디) 숙녀	⑥ land(랜드) 육지, 땅	⑨ letter(레터) 편지

공간위치에 연상 결합하기 [5]

공간의 장면을 떠올리며 그 번호 위치에 아래 단어를 연상 결합하세요.

120. M [market]상점의 장

① melon(멜론) 멜론	④ moon(문) 달	⑦ monkey(멍키) 원숭이
② magazine(매거지인) 잡지	⑤ mail(메일) 우편물	⑧ map(맵) 지도
③ mouse(마우스) 생쥐	⑥ mark(마크) 기호	⑨ milk(밀크) 젖, 우유

130. N [new]뉴스의 장

① nest(네스트) 둥지	④ name(네임) 이름	⑦ noon(눈~) 정오, 한낮
② net(네트) 그물	⑤ night(나이트) 밤	⑧ nose(노우즈) 코
③ nose(노우즈) 코	⑥ net(넷) 그물	⑨ notebook(노우트북) 공책

140. O [office]사무실의 장

① octopus(악터퍼스) 문어	④ out(아웃) 밖으로	⑦ orange(오린쥐) 오렌지
② owl(아울) 부엉이	⑤ open(오우펀) 열린	⑧ onion(어니언) 양파
③ ox(옥스) 황소	⑥ old(오울드) 나이 많은	⑨ oak(오~크) 떡갈나무

공간위치에 연상 결합하기 [6]

공간의 장면을 떠올리며 그 번호 위치에 아래 단어를 연상 결합하세요.

150. P [park]공원의 장

① pen(펜) 펜	④ paper(페이펄) 종이	⑦ peach(피~추) 복숭아
② pig(피그) 돼지	⑤ pencil(펜슬) 연필	⑧ phone(폰) 전화
③ pizza(피~쩌) 피자	⑥ pea(피~) 콩	⑨ photo(포터) 사진

160. Q [queen]여왕 궁전의 장

① quail(퀘일) 메추라기	④ quiet(콰이엇) 조용한	⑦ quiz(크위즈) 퀴즈
② quilt(크윌트) 누비이불	⑤ quick(퀵) 빠른	⑧ quake(퀘이크) 진동하다
③ quarrel(쿼~럴) 말다툼	⑥ quill(퀼) 꽁지깃	⑨ question(퀘스천) 질문

170. R [robot]로봇 만들기의 장

① rabbit(래빗) 토끼	④ rain(레인) 비	⑦ red(레드) 빨강
② room(룸) 방	⑤ rest(레스트) 휴식	⑧ rice(라이스) 밥
③ rock(록) 바위	⑥ radio(레이디오우) 라디오	⑨ rat(랫) 쥐

공간위치에 연상 결합하기 [7]

공간의 장면을 떠올리며 그 번호 위치에 아래 단어를 연상 결합하세요.

180. S [summer]여름 해변의 장

① snow(스노우) 눈	④ salt(솔~드) 소금	⑦ sky(스카이) 하늘
② ski(스키~) 스키	⑤ seat(씨~트) 좌석	⑧ sea(씨~) 바다
③ sea(씨~) 바다	⑥ school(스쿨~) 학교	⑨ sand(샌드) 모래

190. T [toy]장난감의 장

① tiger(타이거) 호랑이	④ tear(티어) 눈물	⑦ tower(타워) 탑
② tent(텐트) 천막	⑤ tree(트리) 나무	⑧ tongue(텅) 혀
③ ten(텐) 열	⑥ table(테이블) 탁자	⑨ truck(트럭) 화물자동차

200. U [umpire]야구 심판의 장

① usher(어셔) 안내인	④ urine(유어린) 소변	⑦ uncle(엉클) 삼촌
② umbrella(엄브렐러) 우산	⑤ universe(유~니버~스) 우주	⑧ up(업) 위로
③ ugly(어그리) 추한	⑥ urchin(어~췬) 개구쟁이	⑨ use(유~스) 사용

공간위치에 연상 결합하기 [8]

공간의 장면을 떠올리며 그 번호 위치에 아래 단어를 연상 결합하세요.

210. V [village]한옥 마을의 장

① vase(베이스) 꽃병	④ victory(빅터리) 승리	⑦ vine(바인) 포도나무
② very(베리) 대단히	⑤ villa(빌러) 별장	⑧ voice(보이스) 목소리
③ valley(밸리) 골짜기	⑥ victual(비틀) 음식물	⑨ viper(바이퍼) 독사

220. W [winter]겨울 풍경의 장

① wall(월) 벽, 담	④ wave(웨이브) 물결	⑦ web(웹) 거미집
② web(웹) 거미집	⑤ way(웨이) 길	⑧ wedding(웨딩) 결혼식
③ window(윈도우) 창문	⑥ walk(워~크) 걷다	⑨ white(화이트) 백색

230. X [x-ray]엑스레이의 장

① xmas(크리스머스) 크리스마스	④ box(박스) 상자	⑦ ax(엑스) 도끼
② xylophone(자일러포운) 실로폰	⑤ fox(팍스) 여우	⑧ six(식스) 6
③ ox(악스) 황소	⑥ mix(믹스) 섞다	⑨ fix(픽스) 고정하다

공간위치에 연상 결합하기 [9]

공간의 장면을 떠올리며 그 번호 위치에 아래 단어를 연상 결합하세요.

240. Y [yacht]요트 경기장의 장

① yarn(야안) 털실	④ yard(야~드) 마당	⑦ youngster(영스터) 어린이
② yellow(옐로우) 노란색	⑤ yelp(옐프) 깽깽 울다	⑧ yes(예스) 예
③ you(유~) 당신	⑥ year(이어) 해, 1년	⑨ youth(유~쓰) 젊음

250. Z [zoo]동물원의 장

① zone(존) 지역	④ zeal(자일) 열심	⑦ zigzag(직잭) 지그재그
② zipper(지퍼) 지퍼	⑤ zenith(지~니쓰) 절정	⑧ zest(제스트) 열정
③ zebra(지브러) 얼룩말	⑥ zero(지어로우) 영점	⑨ zinc(징크) 아연

Memo

02

구조화 연상 기억

- chapter 01~chapter 60
  영어단어 유음 및 구조화 연상 &
  영어단어 뜻 확인 test

영단어 한글 유음으로
구조화 연상 기억의 방법

그림 구조화 연상법은 3·3·4의 원리로 10개씩 기억할 수 있도록 구성되어 있습니다.
영단어와 함께 그림 3개씩 두 장면, 그림 4개의 한 장면으로 만들어져 하나의 chapter가 끝나게 됩니다.
한 장면 안에 있는 그림들을 연상하여 영단어와 뜻을 동시에 기억할 수 있는 것입니다.
그림으로 보고 단어를 연상하고 나서 스토리텔링으로 다시 한 번 연상 기억합니다. 그리고 다음 장면으로 넘어가 세 장면 모두 10개의 단어를 기억 회생합니다.

1차에 먼저 영단어 옆에 단어의 뜻을 적어 놓습니다.
그 다음 스톱워치를 준비하여 1차에 단어와 뜻을 **빠른 속도로** 읽어나갑니다.
2차에는 오른쪽에 뜻을 종이로 가리고 영단어만 보고 빠르게 뜻까지 읽어나갑니다.
3차에는 아래에서 위로 거슬러 올라가며 영단어와 뜻을 읽어 가면 열개의 단어 암기가 완성됩니다.

각 차의 소요시간을 기록해 둡니다. 이 기록은 천천히 기억하는 것을 방지하고 완벽하게 기억할 수 있도록 도와 줄 것입니다.
이러한 방법으로 3차까지 영단어 훈련을 하면 자동적으로 기억할 수 있게 됩니다.
각 장마다 계속하여 훈련해 나가길 바랍니다.

| 1 start~3 yell | 영어단어 유음 및 구조화 연상 [1] |

[트럭에 대장, 권투 경기, 엄마와 어린아이의 장]

1. **start** : (동) 출발하다, 움직이다, 시작하다 (명) 출발
   [staːrt] 스타트 　　　　참고 star : 별, 별 모양의 것
   스토리 연상 : 군대의 대장 스타(별)가 트럭을 타니 출발하다.

2. **beginning** : (명) 처음, 초기, 시작, 발단, 개시
   [bigíniŋ] 비기닝
   스토리 연상 : KO 승 권투선수가 비기는 경기는 링에서 이번이 처음이다.

3. **yell** : (동) 큰소리를 지르다 (명) 고함 소리
   [jel] 옐
   스토리 연상 : 엄마가 잊어버리기 전에 이 옐(이 아이) 잘 보라고 큰소리를 지르다.

그림 구조화 연상 STUDY

군대의 대장 스타가 트럭을 타고 출발하고 있으며, 권투선수가 비기는 시합은 링에서 처음이니, 구경하던 엄마가 이 옐 잘 보라고 큰소리를 지르다.

4 wretch~6 abroad   영어단어 유음 및 구조화 연상 [2]

[가련한 여인, 어린 애, 고기 잡는 어부의 장]

4. **wretch** : (명) 가련한 사람, 가엾은 사람, 비참한 사람
   [retʃ] 레취
   스토리 연상 : 고생하는 **내처**(나의 처)는 가련하고, 가엾은 사람이다.

5. **abhor** : (동) 몹시 싫어하다
   [æbhɔ́ːr] 앱호어
   스토리 연상 : 혼자서 **애 볼** 것을 **몹시 싫어하다**.

6. **abroad** : (부) 해외로, 국외로, 널리
   [əbrɔ́ːd] 어브로드
   스토리 연상 : 고기 잡는 **어부로도**(어부라도) **해외로** 나갈 수 있다.

그림 구조화 연상

고생하는 **내처**는 가엾은 사람이고, 혼자서 **애 볼** 것을 **몹시 싫어하다**. 그리고 남편은 고기 잡는 **어부로도 해외로** 나가 고기를 잡기도 한다.

7 academy~10 worry   영어단어 유음 및 구조화 연상 [3]

[학원가는 길, 상처, 아이의 이가 아프고, 어린아이 걱정의 장]

7. **academy** : (명) 학원, 전문학교, 협회, 학회
   [əkǽdəmi] 아카데미
   스토리 연상 : 아까 대미(학생이름)는 학원에 갔다.

8. **wound** : (명) 상처 (동) 상처를 입히다
   [wu:nd] 운드
   스토리 연상 : 길에서 운도 나쁘게 넘어져 상처를 입다.

9. **ache** : (명) 아픔 (동) 아프다, 쑤시다
   [eik] 에익
   스토리 연상 : 어린 애, 이를 자동차 키로 쑤시니 쑤시다, 아프다 한다.

10. **worry** : (동) 걱정시키다, 걱정하다
    [wə́:ri] 워리
    스토리 연상 : 부모는 자식이 어리다고 걱정하다.

그림 구조화 연상 STUDY

아까 대미는 학원에 가는 길에, 운도 나쁘게 넘어져 상처를 입었고, 어린 애, 이를 자동차 키로 쑤시니 이가 쑤시다, 아프다 하니, 부모는 어리다고 걱정하다.

chapter 01  영어단어 뜻 확인 [test 1~10]

아래 영어단어를 읽고 구조화로 연상되는 단어의 뜻을 써 보세요.

영어단어	연상하여 뜻 쓰기
1. start [stɑːrt]	
2. beginning [bigíniŋ]	
3. yell [jel]	
4. wretch [retʃ]	
5. abhor [æbhɔ́ːr]	
6. abroad [əbrɔ́ːd]	
7. academy [əkǽdəmi]	
8. wound [wuːnd]	
9. ache [eik]	
10. worry [wə́ːri]	

♥ 위 열 개의 영어단어와 뜻을 소리 내어 한 번씩 빠르게 읽어 보세요.
♥ 단어암기 훈련 시 기록이 단축되도록 3차까지 소요시간을 꼭 기록하세요.

[1차 소요시간  초] [2차 소요시간  초] [3차 소요시간  초]

| 11 worm~13 museum | **영어단어 유음 및 구조화 연상 [1]** |

[벌레가 옴찔하고, 큰 접시, 박물관의 장]

11. worm : (명) 벌레
   [wə:rm] 웜
   스토리 연상 : 옴찔옴찔 움직이는 것은 벌레다.

12. dish : (명) 큰 접시, 식기류, 요리, 음식
   [díʃ] 디쉬
   스토리 연상 : 큰 접시에 요리를 담아 뒤에 가서 쉬며 먹어요.

13. museum : (명) 박물관, 미술관
   [mju:zí:əm] 뮤지엄
   스토리 연상 : 박물관에 들어가면 손상될까봐 무지 엄하다.

그림 구조화 연상 STUDY

옴찔옴찔 움직이는 벌레를 보고 나서, 나는 큰 접시에 요리를 담아 뒤에 가서 쉬며 먹어요. 그리고 박물관에 들어가면 손상될까봐 무지 엄하다.

14 worship~16 advise 　　영어단어 유음 및 구조화 연상 [2]

[50명씩 예배하고, 정원 옆, 어디에 바가 있는지의 장]

14. **worship** : (명) 예배, 숭배 (동) 예배하다, 숭배하다
    [wə́ːrʃip] 워십
    스토리 연상 : 우리 교회는 **워**낙 작아 **오십** 명씩 모여서 **예배**를 본다.

15. **garden** : (명) 뜰, 정원
    [gáːrdn] 가든
    스토리 연상 : **정원**으로 **가든**지 말든지 알아서 해!

16. **advise** : (동) 충고하다, 조언하다, 권하다
    [ædváiz] 어드바이즈
    스토리 연상 : **어디**에 **바**(스텐드바)가 **있지**? 물어보면, 가지 말라고 **충고하다**.

그림 구조화 연상

우리 교회는 **워**낙 작아 **오십** 명씩 모여서 **예배** 보다가 힘들면, **정원**으로 **가든**지 말든지 알아서 하며, 그리고 **어디**에 **바**가 **있지**? 물어보면, 가지 말라고 **충고하다**.

17 gate~20 address   영어단어 유음 및 구조화 연상 [3]

[대문 앞 개, 울타리 안에 양, 드레스 입고 연설의 장]

17. **gate** : (명) 대문, 출입문
    [geit] 게이트
    스토리 연상 : 항상 대문 앞에는 개가 있더라.

18. **wool** : (명) 양털, 양모, 털실, 모직물
    [wul] 울
    스토리 연상 : 양들이 있는 울타리 안에서 양털을 깎다.

19. **fable** : (명) 우화, 전설, 신화
    [féibl] 페이블
    스토리 연상 : 우화 속에서는 생선회를 이불 위에서 먹는다.

20. **address** : (명) 인사말, 연설, 주소
    [ədrés] 어드레스
    스토리 연상 : 어! 드레스 입고 인사말하고 연설 후 주소를 묻다.

그림 구조화 연상

항상 대문 앞에는 개가 있더라 하며, 양들이 있는 울타리 안에서는 양털을 깎고, 우화 속에서는 생선회를 이불 위에서 먹으며, 어! 드레스 입고 인사말하고 연설 후 주소를 묻다.

chapter 02　영어단어 뜻 확인 [test 11~20]

아래 영어단어를 읽고 구조화로 연상되는 단어의 뜻을 써 보세요.

영어단어	연상하여 뜻 쓰기
11. worm [wəːrm]	
12. dish [díʃ]	
13. museum [mjuːzíːəm]	
14. worship [wə́ːrʃip]	
15. garden [gáːrdn]	
16. advise [ædváiz]	
17. gate [geit]	
18. wool [wul]	
19. fable [féibl]	
20. address [ədrés]	

♥ 위 열 개의 영어단어와 뜻을 소리 내어 한 번씩 빠르게 읽어 보세요.
♥ 단어암기 훈련 시 기록이 단축되도록 3차까지 소요시간을 꼭 기록하세요.

[1차 소요시간　　　초]　[2차 소요시간　　　초]　[3차 소요시간　　　초]

| 21 eating~23 chin | 영어단어 유음 및 구조화 연상 [1] |

[음식 먹는 아이 앞에, 울부짖는 늑대, 턱을 친 선수의 장]

21. **eating** : (명) 먹기, 음식
    [íːtiŋ] 이팅
    스토리 연상 : 음식을 먹을 때 손으로 이를 팅(튕)겨 보고 먹는다.

22. **wolf** : (명) 이리, 늑대
    [wulf] 울프
    스토리 연상 : 배가 고파 울부짖는 늑대가 있다.

23. **chin** : (명) 턱
    [tʃín] 친
    스토리 연상 : 상대의 턱을 주먹으로 친 권투선수가 있다.

그림 구조화 연상 STUDY

음식을 먹을 때 손으로 이를 팅겨 보고 먹기도 하며, 배가 고파 울부짖는 늑대가 있으며, 상대의 턱을 주먹으로 친 권투선수도 있다.

24 doll~26 face 영어단어 유음 및 구조화 연상 [2]

[달 같은 인형, 윙윙 상모돌리기, 암벽 얼굴의 장]

24. **doll** : (명) 인형
    [daːl] 달
    스토리 연상 : 아이가 달 같은 인형을 사달라고 한다.

25. **win** : (동) 승리하다, 이기다
    [wín] 윈
    스토리 연상 : 상모돌리기 선수가 서로 윈윈 작전으로 승리하다.

26. **face** : (명) 외관, 표면, 얼굴, 암벽
    [feis] 훼이스
    스토리 연상 : 암벽에 얼굴이 긁혀서 외관이 깊숙하게 패이쓰니(패였으니) 보기 싫다.

그림 구조화 연상 STUDY

아이가 달 같은 인형을 사달라고 하며, 상모돌리기 선수가 서로 윈윈 작전으로 승리하다. 그리고 암벽에 얼굴이 긁혀서 외관이 깊숙하게 패이쓰니 보기 싫다.

27 easily~30 dive 영어단어 유음 및 구조화 연상 [3]

[나쁜 것은 잊으리, 슬퍼하며 울고, 물고기의 쉬, 다이빙의 장]

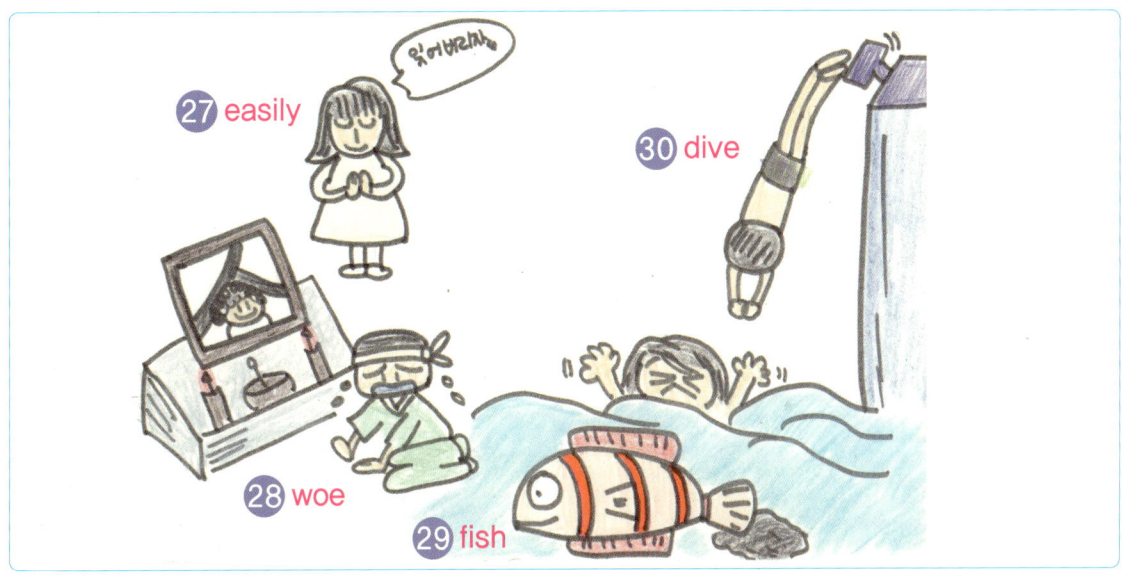

27. **easily** : (부) 용이하게, 쉽게
    [íːzili] 이즐리
    스토리 연상 : 나쁜 것은 쉽게 잊으리!

28. **woe** : (명) 비애, 비탄, 슬픔
    [wou] 워
    스토리 연상 : 어머니의 사망으로 슬픔의 눈물을 흘리며 워 워 울다.

29. **fish** : (명) 물고기, 어류
    [fíʃ] 피쉬
    스토리 연상 : 물고기가 특이하게 피쉬(피오줌) ~ 를 하고 있다.

30. **dive** : (동) 뛰어들다, 잠수하다, 다이빙하다
    [daiv] 다이브
    스토리 연상 : 다이빙 선수가 부인을 위해 물에 뛰어들어 잠수하다.

그림 구조화 연상

나쁜 것은 쉽게 잊으리! 어머니의 사망으로 슬픔의 눈물을 흘리며 워 워 울다. 물고기가 특이하게 피쉬(피오줌)~ 를 하고 있으며, 다이빙 선수가 부인을 위해 물에 뛰어들어 잠수하다.

chapter 03　영어단어 뜻 확인 [test 21~30]

아래 영어단어를 읽고 구조화로 연상되는 단어의 뜻을 써 보세요.

영어단어	연상하여 뜻 쓰기
21. eating [íːtiŋ]	
22. wolf [wulf]	
23. chin [tʃín]	
24. doll [daːl]	
25. win [wín]	
26. face [feis]	
27. easily [íːzili]	
28. woe [wou]	
29. fish [fíʃ]	
30. dive [daiv]	

♥ 위 열 개의 영어단어와 뜻을 소리 내어 한 번씩 빠르게 읽어 보세요.
♥ 단어암기 훈련 시 기록이 단축되도록 3차까지 소요시간을 꼭 기록하세요.

[1차 소요시간　　　초]　[2차 소요시간　　　초]　[3차 소요시간　　　초]

31 early~33 interest

영어단어 유음 및 구조화 연상 [1]

[아이가 일찍이 자고, 중국의 인구, 옷 터는 사람의 장]

31. **early** : (부) 일찍이, 초기에
    [ə́ːrli] 어얼리
    스토리 연상 : 어릴 적에는 친구와 **어울리**라고 일찍이 잠을 재운다.

32. **china** : (명) 중국
    [tʃáinə] 차이나
    스토리 연상 : 중국은 인구가 많아 다른 나라와 차이 나요!

33. **interest** : (명) 관심, 흥미, 취미 (동) ~에 흥미를 갖게 하다
    [íntərəst] 인터리스트
    스토리 연상 : 사람인(人)은 터는 리스트가 있어 관심, 흥미를 갖다.

그림 구조화 연상

어릴 적에는 친구와 **어울리**라고 **일찍이** 잠을 재우며, **중국**은 인구가 많아 다른 나라와 **차이 나**요. 그리고 사람**인**(人)은 **터**는 **리스트**가 있어 **관심**, 흥미를 갖다.

34 movie~36 harvest   영어단어 유음 및 구조화 연상 [2]

[영화 속에 무, 땅 파는 소년, 수확기의 장]

34. **movie** : (명) 영화
    [múːvi] 무비
    스토리 연상 : 영화를 보니 영화 속에서 무가 비처럼 쏟아진다.

35. **funny** : (형) 이상한, 익살스런
    [fʌni] 퍼니
    스토리 연상 : 땅을 손으로 파니 이상하고 익살스런 행동이다.

36. **harvest** : (명) 수확, 수확기 (동) 거두어들이다
    [háːrvist] 하비스트
    스토리 연상 : 매년 수확기에는 하~ 비슷하게 수확하다.

그림 구조화 연상

영화를 보니 영화 속에서 무가 비처럼 쏟아지며, 땅을 손으로 파니 이상하고 익살스런 행동이다. 그리고 매년 수확기에는 하~ 비슷하게 수확하다.

37 again~40 money   영어단어 유음 및 구조화 연상 [3]

[게인 날 다시 약속, 추운데 콜라, 포천으로 쏘는 포 아래, 돈의 장]

37. **again** : (부) 다시, 또
 [əgén, əgéin] 어게인
 스토리 연상 : 날씨가 어! 게인 날, 너! 다시, 또 약속 어기면 인간이 아니다.

38. **cold** : (형) 추운, 찬
 [kould] 콜드
 스토리 연상 : 추운 날에도 콜콜 거리며, 찬 콜라를 드신다.

39. **fortune** : (명) 운, 우연, 운명, 많은 재산
 [fɔ́ːrtʃən] 포천
 스토리 연상 : 나는 운 좋게 우연히 포천(天)(포가 하늘로 올라가)하여 살았다.

40. **money** : (명) 돈, 화폐
 [mʌni] 머니
 스토리 연상 : 뭐니 머니 해도 돈이 최고야!

그림 구조화 연상 STUDY

날씨가 어! 게인 날, 너! 다시, 또 약속 어기면 인간이 아니며, 추운 날에도 콜콜 거리며, 찬 콜라를 드신다. 그리고 나는 운 좋게 우연히 포천(天)(포가 하늘로 올라가)하여 살았으며, 뭐니 머니 해도 돈이 최고야!

chapter 04  영어단어 뜻 확인 [test 31~40]

아래 영어단어를 읽고 구조화로 연상되는 단어의 뜻을 써 보세요.

영어단어	연상하여 뜻 쓰기
31. early [ə́ːrli]	
32. china [tʃáinə]	
33. interest [íntərəst]	
34. movie [múːvi]	
35. funny [fʌni]	
36. harvest [háːrvist]	
37. again [əgén, əgéin]	
38. cold [kould]	
39. fortune [fɔ́ːrtʃən]	
40. money [mʌni]	

♥ 위 열 개의 영어단어와 뜻을 소리 내어 한 번씩 빠르게 읽어 보세요.
♥ 단어암기 훈련 시 기록이 단축되도록 3차까지 소요시간을 꼭 기록하세요.

[1차 소요시간   초] [2차 소요시간   초] [3차 소요시간   초]

| 41 factory~43 moon | 영어단어 유음 및 구조화 연상 [1] |

[공장에 먼지 털고, 메롱~ 하고 놀리고, 달밤에 문의 장]

41. **factory** : (명) 공장, 제조 (형) 공장의
    [fǽktəri] 팩토리
    스토리 연상 : 공장에서 기계가 팩! 돌아가 먼지나서 총채로 털리.

42. **wrong** : (형) 나쁜, 부정한
    [rɔ́:ŋ] 롱
    스토리 연상 : 어른에게 메롱~ 하고 놀리면 나쁜, 부정한 행동이다.

43. **moon** : (명) 달
    [mu:n] 문
    스토리 연상 : 달밤에 방에서 문을 여니 달이 보이는구나.

그림 구조화 연상

공장에서 기계가 팩! 돌아가 먼지나서 총채로 털리, 그리고 어른에게 메롱~ 하고 놀리면 나쁜, 부정한 행동이며, 달밤에 방에서 문을 여니 달이 보이는구나.

| 44 hang~46 care | 영어단어 유음 및 구조화 연상 [2] |

[행거에 걸고, 강에 언 얼음, 물 뿌리는 아이의 장]

44. **hang** : (동) 걸다, 달아 메다, 매달리다
    [hæŋ] 행   참고 **hanger** : 옷걸이, 걸이
    스토리 연상 : 나에게 매달리는 사람을 **행**거에다 **걸다, 달아 메다**.

45. **earn** : (동) (생활비를) 벌다, 획득하다, 얻다
    [əːrn] 언
    스토리 연상 : 강에서 **언**~ 얼음을 획득하여 **얻다**, 생활비를 **벌다**.

46. **freeze** : (동) 얼음이 얼다, 얼다, 결빙하다
    [fríːz] 프리즈
    스토리 연상 : 추운 겨울에 **얼음이 얼다**. 그러면 염화칼슘을 **뿌리자**!

그림 구조화 연상

나에게 매달리는 사람을 **행**거에다 **걸다, 달아 메다**. 그리고 강에서 **언**~ 얼음을 획득하여 **얻다**, 생활비를 **벌다**. 그리고 추운 겨울에 **얼음이 얼다**, 그러면 염화칼슘을 **뿌리자**!

47 mountain~50 ill 영어단어 유음 및 구조화 연상 [3]

[산에서 야호~, 돌고래, 나이 먹은 늙은이, 병든 사람의 장]

47. mountain : (명) 산, 산악 (형) 산의
[máuntən] 마운틴
스토리 연상 : 산에 오르니 답답했던 마음이 확 틴다(트인다).

48. dolphin : (명) 돌고래
[dálfin] 돌핀
스토리 연상 : 바다 속 돌에 핀 해초를 돌고래가 먹는다.

49. age : (명) 나이, 연령, 성년 (동) 나이를 먹다, 늙다
[eidʒ] 에이지
스토리 연상 : 나이 들고 늙으면 행동이 '애이지!'

50. ill : (형) 병든, 나쁜
[íl] 일
스토리 연상 : 일을 너무 많이 해서 병든 사람이 나쁜 병에 걸리다.

그림 구조화 연상 STUDY

산에 오르니 답답했던 마음이 확 틴다. 그리고 바다 속 돌에 핀 해초를 돌고래가 먹으며, 나이 들고 늙으면 행동이 '애이지!' 또한 일을 많이 해서 병든 사람이 나쁜 병에 걸리다.

chapter 05  영어단어 뜻 확인 [test 41~50]

아래 영어단어를 읽고 구조화로 연상되는 단어의 뜻을 써 보세요.

영어단어	연상하여 뜻 쓰기
41. factory [fǽktəri]	
42. wrong [rɔ́ːŋ]	
43. moon [muːn]	
44. hang [hæŋ]	
45. earn [əːrn]	
46. freeze [fríːz]	
47. mountain [máuntən]	
48. dolphin [dɑ́lfin]	
49. age [eidʒ]	
50. ill [íl]	

♥ 위 열 개의 영어단어와 뜻을 소리 내어 한 번씩 빠르게 읽어 보세요.
♥ 단어암기 훈련 시 기록이 단축되도록 3차까지 소요시간을 꼭 기록하세요.

[1차 소요시간   초] [2차 소요시간   초] [3차 소요시간   초]

| 51 many~53 leader | 영어단어 유음 및 구조화 연상 [1] |

[지게 메니, 손가락 걸고 동의, 너가 지도자의 장]

51. **many** : (형) 많은, 수많은
    [méni] 메니
    스토리 연상 : 수많은 사람들이 어깨에 물건을 메니 너무 많은 것이다.

52. **agree** : (동) 동의하다, 승인하다
    [əgríː] 어그리
    스토리 연상 : 친구와 약속을 위해 손가락을 오그리며 동의하다.

53. **leader** : (명) 지도자, 리더, 지휘자
    [líːdər] 리더
    스토리 연상 : 내가 아니고 니~더러(너더러) 지도자나 지휘자를 하라고 한다.

그림 구조화 연상

수많은 사람들이 어깨에 물건을 메니, 너무 많은 것이고, 친구와 약속을 위해 손가락을 오그리며 동의하다. 그리고 내가 아니고 니~더러 지도자나 지휘자를 하라고 한다.

54 shout~56 skill 영어단어 유음 및 구조화 연상 [2]

[소리치며 응원, 코끼리 코, 스키의 장]

54. **shout** : (동) 외치다, 큰소리 내다 (명) 외침, 환호, 갈채
   [ʃaut] 샤우트
   스토리 연상 : 축구 경기장에서 응원을 위해 **싸우듯** 외치다, 큰소리 내다.

55. **elephant** : (명) 코끼리
   [éləfənt] 엘리펀트
   스토리 연상 : **엘리**베이터에서 **코끼리**를 **펀**치로 치니 코가 **트**러지다(삐뚤어지다).

56. **skill** : (명) 숙련, 기능, 솜씨
   [skíl] 스킬
   스토리 연상 : 나도 **스킬**(스키를) 잘 탈수 있게 **숙련**시키다.

그림 구조화 연상

축구 경기장에서 응원을 위해 **싸우듯** **외치다**, **큰소리 내다**. 그리고 **엘리**베이터에서 **코끼리**를 **펀**치로 치니 코가 **트**러졌으며, 나도 **스킬** 잘 탈수 있게 **숙련**시키다.

57 introduce~60 really

영어단어 유음 및 구조화 연상 [3]

[두 뉴스에서 소개, 여우, 옳소 하는 사람, 실제 연기의 장]

57. introduce : (동) 소개하다, 도입하다
[íntrədjúːs] 인트러듀스
스토리 연상 : 사람인(人)들이 두 뉴스에서 소개하다.

58. fox : (명) 여우, 교활한 사람
[faks] 폭스
스토리 연상 : 교활한 사람이 여우를 손으로 밀어 폭(팍) 쓰러뜨리다.

59. also : (부) 또한
[ɔ́ːlsou] 올소
스토리 연상 : 쓰러진 여우를 보고 구경꾼이 역시 옳소! 하고, 또 한 번 외치다.

60. really : (부) 정말로, 실제로
[ríːəli] 리얼리
스토리 연상 : 영화배우 하려면 니(너) 얼 빠지게 리얼하게 정말로, 실제로 연기해봐!

그림 구조화 연상

사람인(人)들이 두 뉴스에서 소개하다. 그리고 교활한 사람이 여우를 손으로 밀어 폭 쓰러뜨리고, 그 쓰러진 여우를 보고 구경꾼이 역시 옳소! 하고, 또 한 번 외치다. 영화배우 하려면 니 얼 빠지게 리얼하게 정말로, 실제로 연기해봐!

chapter 06  영어단어 뜻 확인 [test 51~60]

아래 영어단어를 읽고 구조화로 연상되는 단어의 뜻을 써 보세요.

영어단어	연상하여 뜻 쓰기
51. many [méni]	
52. agree [əgríː]	
53. leader [líːdər]	
54. shout [ʃaut]	
55. elephant [éləfənt]	
56. skill [skíl]	
57. introduce [ìntrədjúːs]	
58. fox [faks]	
59. also [ɔ́ːlsou]	
60. really [ríːəli]	

♥ 위 열 개의 영어단어와 뜻을 소리 내어 한 번씩 빠르게 읽어 보세요.
♥ 단어암기 훈련 시 기록이 단축되도록 3차까지 소요시간을 꼭 기록하세요.

[1차 소요시간   초] [2차 소요시간   초] [3차 소요시간   초]

84 스크린 영단어 연상 기억술

61 city~63 upset　　　　　영어단어 유음 및 구조화 연상 [1]

[티셔츠가 널린 도시, 잠자는 아이, 자동차 전복의 장]

61. **city** : (명) 도시
    [síti] 시티
    스토리 연상 : 도시는 사람이 많이 다니는 시(市)여서 티가 걸려 있다.

62. **sleep** : (동) 잠자다, 활동하지 않다 (명) 수면
    [slíːp] 슬립
    스토리 연상 : 어린아이가 슬리퍼를 신고 잠자다, 재우다.

63. **upset** : (동) 뒤엎다, 당황하게 하다 (명) 전복
    [ʌpset] 업셋
    스토리 연상 : 아이를 업고 숫자 셋을 세다가 자동차가 뒤엎다, 전복되다.

그림 구조화 연상 STUDY

도시는 사람이 많이 다니는 시(市)에서 티가 걸려 있으며, 어린아이가 슬리퍼를 신고 잠자다, 재우다. 그리고 엄마가 아이를 업고 숫자 셋을 세다가 자동차가 뒤엎다, 전복되다.

64 smooth~66 fruit　　　영어단어 유음 및 구조화 연상 [2]

[매끄러운 머릿결, 둥근 지붕 앞, 과일의 장]

64. smooth : (형) 매끄러운, 반드러운 (동) 매끄럽게 하다
[smuːð] 스무드
스토리 연상 : 스무 살 나이로는 드물게 머릿결이 매끄러운 듯하다.

65. dome : (명) 둥근 천장, 둥근 지붕
[doum] 돔
스토리 연상 : 유목민의 집, 둥근 천장에 옥돔을 말리고 있다.

66. fruit : (명) 과일, 열매
[fruːt] 후룻츠
스토리 연상 : 후식으로 푸룻푸룻한 과일을 좋아한다.

그림 구조화 연상　STUDY

스무 살 나이로는 드물게 머릿결이 매끄러운 듯하다. 그리고 유목민의 집, 둥근 천장에 옥돔을 말리고 있으며, 후식으로 푸룻푸룻한 과일을 좋아한다.

67 hill~70 near　　　영어단어 유음 및 구조화 연상 [3]

[언덕에서 힐 신고, 컬러 사진 앞, 초등학생, 전화기의 장]

67. hill : (명) 언덕, 작은 산
[híl] 힐　　　　　　　　　　　　참고 heel : 뒤꿈치
스토리 연상 : 하이힐을 신고 언덕을 올라가니 뒤꿈치가 까졌다.

68. color : (명) 빛깔, 색 (동) 채색하다
[kʌlər] 컬러
스토리 연상 : 컬러 사진의 색, 빛깔이 아름답다.

69. elementary : (형) 초등의, 기본의
[èləméntəri] 엘리멘트리
스토리 연상 : 초등의 상식도 없이 아무거나 알려주면 터지리!

70. near : (부) 가까이, 가까운
[níər] 니어
스토리 연상 : 전화로 니! 어디에 있었니? 나! 바로 너 뒤 가까운 곳에 있지!

그림 구조화 연상 STUDY
하이힐을 신고 언덕을 올라가니 귀꿈치가 까졌고, 컬러 사진의 색, 빛깔이 아름답다. 그리고 초등의 상식도 없이 아무거나 알려주면 터지리! 또 친구가 전화로 니! 어디에 있었니? 나! 바로 너 뒤 가까운 곳에 있지! 하고 말하다.

chapter 07 영어단어 뜻 확인 [test 61~70]

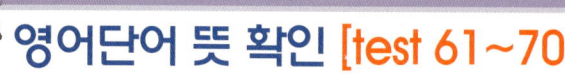

아래 영어단어를 읽고 구조화로 연상되는 단어의 뜻을 써 보세요.

영어단어	연상하여 뜻 쓰기
61. city [síti]	
62. sleep [slíːp]	
63. upset [ʌpsét]	
64. smooth [smuːð]	
65. dome [doum]	
66. fruit [fruːt]	
67. hill [híl]	
68. color [kʌlər]	
69. elementary [èləméntəri]	
70. near [níər]	

♥ 위 열 개의 영어단어와 뜻을 소리 내어 한 번씩 빠르게 읽어 보세요.
♥ 단어암기 훈련 시 기록이 단축되도록 3차까지 소요시간을 꼭 기록하세요.

[1차 소요시간   초] [2차 소요시간   초] [3차 소요시간   초]

71 amaze~73 broadcasting   영어단어 유음 및 구조화 연상 [1]

[빌린 돈 이자, 큰 트럭, 방송에 노래자랑의 장]

71. **amaze** : (동) 깜짝 놀라게 하다
    [əméiz] 어메이즈
    스토리 연상 : 빌린 돈을 생각하니 어메(어머)! 이자 때문에 깜짝 놀라게 하다.

72. **great** : (형) 큰, 대 (명) 거물, 위인, 거물
    [greit] 그레이트
    스토리 연상 : 너도 그래, 이 트럭처럼 큰 위인이 될 거야!

73. **broadcasting** : (명) 방송, 방영
    [brɔ́:dkæstiŋ] 브로드캐스팅
    스토리 연상 : 노래만 잘 불러도 캐스팅되어 TV에 방송되다.

그림 구조화 연상 STUDY

빌린 돈을 생각하니 어메! 이자 때문에 깜짝 놀라게 하다. 이젠 너도 그래, 이 트럭처럼 큰 위인이 될 거야! 그리고 이제부터 노래만 잘 불러도 캐스팅되어 TV에 방송되다.

| 74 man~76 frighten | 영어단어 유음 및 구조화 연상 [2] |

[군대의 남자 앞에, 스테이크, 달걀 프라이의 장]

74. **man** : (명) 남자, 사람, 인간 (동) 인원을 배치하다
    [mæn] 맨
    스토리 연상 : 군대 가니 **맨** 남자만 있다.

75. **stay** : (동) 머무르다, 체류하다 (명) 머무름, 체류기간
    [stei] 스테이
    스토리 연상 : 외국에서 **스테이**크만 먹으면서 머무르다, 체류하다.

76. **frighten** : (동) 소스라쳐 놀라게 하다, 섬뜩하게 하다
    [fráitn] 프라이튼
    스토리 연상 : 달걀 **프라이 든** 사람이 나를 소스라쳐 놀라게 하다.

그림 구조화 연상

군대 가니 **맨** 남자만 있고, 외국에서 **스테이**크만 먹으면서 머무르다, 체류하다. 갑자기 달걀 **프라이 든** 사람이 나를 소스라쳐 놀라게 하다.

77 maiden~80 coin 영어단어 유음 및 구조화 연상 [3]

[손목이 메어 있고, 하드 먹고 워킹, 굳은 하드, 코 속 동전의 장]

77. **maiden** : (명) 소녀, 미혼여성
    [méidn] 메이든
    스토리 연상 : 외출금지로 소녀의 손목이 줄로 메이든(묶이든) 나는 상관없다.

78. **hardworking** : (형) 근면한, 열심히 공부하는
    [háːrdwəːrkiŋ] 하드워킹   **참고** walking : 걷기, 산책, 보행
    스토리 연상 : 하드(얼음과자) 먹고 열심히 워킹하면, 근면한 사람이다.

79. **hard** : (형) 굳은, 곤란한, 열심히
    [haːrd] 하드   **참고** ice candy : 얼음과자, 얼음사탕, 빙과
    스토리 연상 : 여름에 굳은 하드를 많이 먹고 배탈이 나서 곤란한 일이 생긴다.

80. **coin** : (명) 주화, 동전
    [kɔin] 코인
    스토리 연상 : 사람의 코, 인(人) 코 속에 동전이 들어있다.

그림 구조화 연상 STUDY

외출금지로 소녀의 손목이 줄로 메이든 나는 상관없으며, 하드 먹고 열심히 워킹하면, 근면한 사람이다. 그리고 여름에 굳은 하드를 많이 먹고 배탈이 나서 곤란한 일이 생기며, 사람의 코, 인(人) 코 속에 동전이 들어있다.

chapter 08  영어단어 뜻 확인 [test 71~80]

아래 영어단어를 읽고 구조화로 연상되는 단어의 뜻을 써 보세요.

영어단어	연상하여 뜻 쓰기
71. amaze [əméiz]	
72. great [greit]	
73. broadcasting [brɔ́ːdkæstiŋ]	
74. man [mæn]	
75. stay [stei]	
76. frighten [fráitn]	
77. maiden [méidn]	
78. hardworking [haːrdwəːrkiŋ]	
79. hard [haːrd]	
80. coin [kɔin]	

♥ 위 열 개의 영어단어와 뜻을 소리 내어 한 번씩 빠르게 읽어 보세요.
♥ 단어암기 훈련 시 기록이 단축되도록 3차까지 소요시간을 꼭 기록하세요.

[1차 소요시간   초]   [2차 소요시간   초]   [3차 소요시간   초]

| 81 yield~83 sick | 영어단어 유음 및 구조화 연상 [1] |

[일도 많이 하는 공장, 잡지 사는 거지, 병원 냄새의 장]

81. **yield** : (동) 산출하다, 내주다 (명) 산출, 보수
    [jíːld] 일드
    스토리 연상 : 공장에서 일도 많이 하여 물건(비용)을 산출하다.

82. **magazine** : (명) 잡지
    [mægzíːn] 매거진
    스토리 연상 : 거지가 잡지를 매일 사니 거진 다 매진된다.

83. **sick** : (형) 병의, 메스꺼운
    [sík] 시크
    스토리 연상 : 병원에서 시큰한 냄새가 나는 것은 병의, 메스꺼움 때문이다.

그림 구조화 연상

공장에서 일도 많이 하여 물건을 산출하다. 그리고 거지가 잡지를 매일 사니 거진 다 매진되며, 병원에서 시큰한 냄새가 나는 것은 병의, 메스꺼움 때문이다.

| 84 information~86 finally | 영어단어 유음 및 구조화 연상 [2] |

[정보 얻으려고 매일 쇼, 청소, 초코파이의 장]

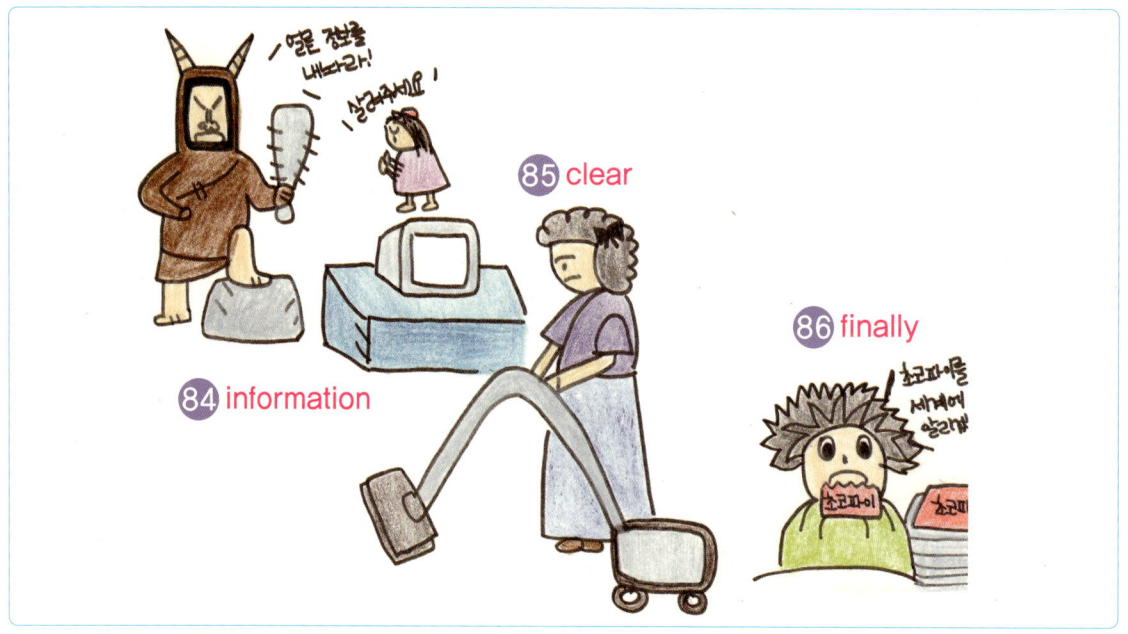

84. **information** : (명) 정보, 지식
    [ínfərméiʃən] 인포메이션
    스토리 연상 : 사람, **인**(人)을 **포위**하고 **매일 쇼**해서 **정보**를 얻다.

85. **clear** : (형) 밝은, 맑은, 순수한 (동) 청소하다, 제거하다
    [klíər] 클리어
    스토리 연상 : **밝은** 곳에 있던 **순수한** 주부가 **끌리어**가서 **청소한**다.

86. **finally** : (부) 최후로, 드디어
    [fáinəli] 파이널리
    스토리 연상 : **드디어**, 초코**파이**를 **널리** 알리기 위해서 **최후로** 먹다.

그림 구조화 연상 STUDY

사람, **인**(人)을 **포위**하고 **매일 쇼**해서 **정보**를 얻고, 그리고 **밝은** 곳에 있던 **순수한** 주부가 **끌리어** 가서 **청소한**다. 또한 청소하면서 **드디어**, 초코**파이**를 **널리** 알리기 위해서 **최후로** 먹다.

87 angry~90 drinking | 영어단어 유음 및 구조화 연상 [3]

[모기떼가 앵앵, 가을 낙엽, 카메라 안 필름, 드링크의 장]

87. angry : (형) 성난, 화난
[ǽŋgri] 앵그리
스토리 연상 : 파리, 모기떼가 내 주위에서 앵앵~ 거리니까 화가 난다.

88. fall : (동) 떨어지다 (명) 가을
[fɔ:l] 포올
스토리 연상 : 가을이 되면 낙엽이 폴~ 폴 날아 떨어진다.

89. fill : (동) 채우다, ~에 집어 넣다
[fíl] 필
스토리 연상 : 카메라 안에 필름을 채우다, ~에 집어 넣다.

90. drinking : (명) 마심, 음주 (형) 마시기에 알맞음
[dríŋkiŋ] 드링킹   참고 drink : 마시다, 쭉 마셔 비우다
스토리 연상 : 음주하면 드링크 음료수를 킹(king)이 마심.

그림 구조화 연상

파리, 모기떼가 내 주위를 앵앵~ 거리니까 화가 난다. 그리고 가을이 되면 낙엽이 폴~ 폴 날아 떨어진다. 나는 카메라 안에 필름을 채우다, ~에 집어 넣다. 그리고 음주하면 드링크 음료수를 킹(king)이 마심.

chapter 09 영어단어 뜻 확인 [test 81~90]

아래 영어단어를 읽고 구조화로 연상되는 단어의 뜻을 써 보세요.

영어단어	연상하여 뜻 쓰기
81. yield [jíːld]	
82. magazine [mǽgzíːn]	
83. sick [sík]	
84. information [ínfərméiʃən]	
85. clear [klíər]	
86. finally [fáinəli]	
87. angry [ǽŋgri]	
88. fall [fɔːl]	
89. fill [fíl]	
90. drinking [dríŋkiŋ]	

♥ 위 열 개의 영어단어와 뜻을 소리 내어 한 번씩 빠르게 읽어 보세요.
♥ 단어암기 훈련 시 기록이 단축되도록 3차까지 소요시간을 꼭 기록하세요.

[1차 소요시간   초] [2차 소요시간   초] [3차 소요시간   초]

91 surprised~93 tired | 영어단어 유음 및 구조화 연상 [1]

[써버린 빈 지갑과, 모든 돈, 타이어 들고의 장]

91. surprised : (형) 놀란
[sərpráizd] 서프라이즈드
스토리 연상 : 형이 돈을 많이 **써버려 나 이제 드**디어 놀란다.

92. all : (형) 모든, 전부의
[ɔːl] 올
스토리 연상 : 내가 부자가 되었으니 모든, 전부 나를 찾아 올 것이다.

93. tired : (형) 피곤한, 싫증 난
[taiərd] 타이어드
스토리 연상 : 손으로 무거운 **타이어**를 **드**리고 나니 피곤한 상태이다.

그림 구조화 연상 STUDY
형이 돈을 많이 **써버려 나 이제 드**디어 놀란다. 내가 지금 부자가 되었으니 모든, 전부 나를 찾아 올 것이다. 그리고 손으로 무거운 **타이어**를 **드**리고 나니 피곤한 상태이다.

94 grab~96 rest   영어단어 유음 및 구조화 연상 [2]

[랩을 잡고, 난잡하여 메스꺼워 하며, 피아노 스트레스의 장]

94. **grab** : (동) 부여잡다, 움켜쥐다
    [græb] 그랩
    스토리 연상 : 비닐 랩을 손으로 자르기 위해 그 랩을 움켜쥐다.

95. **mess** : (명) 난잡, 난잡해진 것, 난처한 처지
    [mes] 메스
    스토리 연상 : 속이 메스꺼워서 토하고 나니 난잡하고, 난처한 처지가 되다.

96. **rest** : (명) 휴식 (동) 휴양하다, 휴식하다, 쉬다
    [rest] 레스트   참고 lesson : 학과, 수업
    스토리 연상 : 무리한 피아노 레슨으로 스트레스가 쌓여 휴식이 필요하다.

그림 구조화 연상 STUDY

비닐 랩을 손으로 자르기 위해 그 랩을 움켜쥐다. 그리고 속이 메스꺼워서 토하고 나니 난잡하고, 난처한 처지가 되다. 또한 무리한 피아노 레슨으로 스트레스가 쌓여 휴식이 필요하다.

97 come~100 cloth 영어단어 유음 및 구조화 연상 [3]

[컴컴한 밤에, 고스톱, 크리스마스 이브, 이부자리의 장]

97. **come** : (동) 오다, 가다, 도착하다, ~하기에 이르다, ~하게 되다
    [kʌm] 컴
    스토리 연상 : **컴**컴한 밤에 집에 **오다**, **도착하다**.

98. **ghost** : (명) 유령, 망령, 영혼
    [goust] 고스트
    스토리 연상 : 화투로 **고스톱**을 치는 **유령**이다.

99. **leave** : (동) 떠나다, 그만두다, 가 버리다, 사라지다
    [líːv] 리브
    스토리 연상 : 떠나려면 **니**! **이부**자리 가지고 크리스마스 **이브**에 **떠나다**.

100. **cloth** : (명) 천, 헝겊
     [klɔːθ] 클로스   참고 roast : 굽다, 볶다
     스토리 연상 : 아이가 **클** 것 같아 **로스**구이를 먹으며, **천**과 **헝겊**으로 옷을 만들다.

그림 구조화 연상

컴컴한 밤에 집에 **오다**, **도착하다**. 그리고 화투로 **고스톱**을 치는 **유령**이 있으며, 떠나려면 **니**! **이부**자리 가지고 크리스마스 **이브**에 **떠나다**. 또한 아이가 **클** 것 같아 **로스**구이를 먹으며, **천**과 **헝겊**으로 옷을 만들다.

chapter 10 영어단어 뜻 확인 [test 91~100]

아래 영어단어를 읽고 구조화로 연상되는 단어의 뜻을 써 보세요.

영어단어	연상하여 뜻 쓰기
91. surprised [sərpráizd]	
92. all [ɔːl]	
93. tired [taiərd]	
94. grab [græb]	
95. mess [mes]	
96. rest [rest]	
97. come [kʌm]	
98. ghost [goust]	
99. leave [líːv]	
100. cloth [klɔːθ]	

♥ 위 열 개의 영어단어와 뜻을 소리 내어 한 번씩 빠르게 읽어 보세요.
♥ 단어암기 훈련 시 기록이 단축되도록 3차까지 소요시간을 꼭 기록하세요.

[1차 소요시간   초]   [2차 소요시간   초]   [3차 소요시간   초]

| 101 among~103 holiday | 영어단어 유음 및 구조화 연상 [1] |

[가족, 선물, 한라산 데이트의 장]

101. among : (전) ~의 사이에, ~중의 한 사람으로
 [əmʌŋ] 어멍
 스토리 연상 : 우리 어멍(어머니)이 우리 가족들 사이에 끼어든다.

102. gift : (명) 선물, 선사품, 타고난 재능
 [gíft] 기프트
 스토리 연상 : 내가 선물을 많이 받으니 기쁘드라.

103. holiday : (명) 휴일, 축제일, 휴가
 [hálədèi] 할러데이
 스토리 연상 : 휴일, 축제일에는 제주도 한라산에서 데이트하는 날이다.

그림 구조화 연상 STUDY

우리 어멍이 우리 가족들 사이에 끼어들어 오고, 또한 내가 선물을 많이 받으니 기쁘드라. 그리고 휴일, 축제일에는 제주도 한라산에서 데이트하는 날이다.

104 site~106 coal　　　영어단어 유음 및 구조화 연상 [2]

[나무 사이 트럭, 사례금, 석탄 가루의 장]

104. **site** : (명) 대지, 집터, 용지, 부지 (동) ~의 위치를 차지하다
　　 [sait] 사이트
　　 스토리 연상 : 나무 사이에 트럭이 있는 곳이 대지 위에 우리 집터이다.

105. **tip** : (명) 팁, 사례금, 끝, 귀띔, 힌트
　　 [típ] 팁
　　 스토리 연상 : 만남을 위해 웨이터에게 사례금, 팁을 주고, 끝으로 힌트를 얻었다.

106. **coal** : (명) 석탄
　　 [koul] 콜
　　 스토리 연상 : 석탄 가루가 목에 들어가 콜~록 기침이 나온다.

그림 구조화 연상　STUDY

나무 사이에 트럭이 있는 곳이 대지 위에 우리 집터이며, 나이트클럽에서 만남을 위해 웨이터에게 사례금, 팁을 주고 끝으로 힌트를 얻었다. 그리고 석탄 가루가 목에 들어가 콜~록 기침이 나온다.

| 107 grade~110 king | 영어단어 유음 및 구조화 연상 [3] |

[시험 성적, 경기, 조상, 왕의 장]

107. grade : (명) 등급, 정도, 성적 (동) 등급별로 나누다
[greid] 그레이드
스토리 연상 : 학생들은 시험이 끝나면, 그래! 이들도 성적으로 등급, 계급이 나뉜다.

108. just : (부) 바로, 오직, 정말 (형) 올바른, 정당한
[dʒʌst] 저스트
스토리 연상 : 경기에서 졌으면 트집 잡지 마! 바로, 정당한 방법으로 이겼으니까.

109. ancestor : (명) 조상, 선조, 선구자
[ǽnsestər] 앤서스터
스토리 연상 : 우리의 조상인 선조들은 나라를 위해 모두 애써쑤다(씁니다).

110. king : (명) 왕, 국왕, 군주, 임금
[kíŋ] 킹
스토리 연상 : 왕이 독감에 걸려 킹킹 소리를 내며 신음하다.

그림 구조화 연상

학생들은 시험이 끝나면 그래! 이들도 성적으로 등급, 계급이 나뉘며, 경기에서 졌으면 트집 잡지 마! 바로, 정당한 방법으로 이겼으니까. 그리고 우리의 조상인 선조들은 모두 나라를 위해 애써쑤다. 또한 왕이 독감에 걸려 킹킹 소리를 내며 신음하다.

chapter 11  영어단어 뜻 확인 [test 101~110]

아래 영어단어를 읽고 구조화로 연상되는 단어의 뜻을 써 보세요.

영어단어	연상하여 뜻 쓰기
101. among [əmʌŋ]	
102. gift [gíft]	
103. holiday [hálədèi]	
104. site [sait]	
105. tip [típ]	
106. coal [koul]	
107. grade [greid]	
108. just [dʒʌst]	
109. ancestor [ǽnsestər]	
110. king [kíŋ]	

♥ 위 열 개의 영어단어와 뜻을 소리 내어 한 번씩 빠르게 읽어 보세요.
♥ 단어암기 훈련 시 기록이 단축되도록 3차까지 소요시간을 꼭 기록하세요.

[1차 소요시간 　　　초] [2차 소요시간 　　　초] [3차 소요시간 　　　초]

111 joy ~ 113 ever | **영어단어 유음 및 구조화 연상 [1]**

[레슬링선수, 개교기념일, 고아원의 장]

111. **joy** : (명) 기쁨, 즐거움, 행복, 환희
     [dʒɔi] 조이
     스토리 연상 : 레슬링선수가 머리를 조이어 승리하니, 모두 기쁨과 즐거움이 함께하다.

112. **anniversary** : (명) 기념일
     [æ̀nəvə́ːrsəri] 애니버서리
     스토리 연상 : 개교기념일에 애가 좋아서 옷을 벗는 건 애니까 버서리!

113. **ever** : (부) 언젠가, 일찍이, 결코, 전혀, 이제까지, 언제나
     [évər] 에버
     스토리 연상 : 고아원에 애(애기) 버리고 가면 언젠가 부모가 찾아오겠지!

그림 구조화 연상
레슬링선수가 머리를 조이어 승리하니, 모두 기쁨과 즐거움이 함께 했으니, 개교기념일에 애가 좋아서 옷을 벗는 건 애니까 버서리! 어린애라 상관없다. 그리고 고아원에 애(애기) 버리고 가면 언젠가 부모가 찾아오겠지!

114 wait~116 alone — 영어단어 유음 및 구조화 연상 [2]

[버스 정류장, 담배연기, 독거노인의 장]

114. wait : (동) 기다리다, 만나려고 기다리다
[weit] 웨잇
스토리 연상 : 추워서 **외투**를 걸치고 버스를 **기다리다**.

115. disappear : (동) 사라지다, 멸종되다, 실종되다
[dìsəpíər] 디서피어
스토리 연상 : 어른 몰래 담배를 **뒤**에**서 피어** 연기가 **사라지다**.

116. alone : (형) 홀로, 외로이, 다만
[əlóun] 얼론
스토리 연상 : 빨리, **얼른** 가서 **홀로**, **외로이** 사는 사람을 **언론**에 알리다.

그림 구조화 연상 STUDY

추워서 **외투**를 걸치고 정류장에서 버스를 **기다리다**. 그리고 어른 몰래 담배를 **뒤**에**서 피어** 연기가 **사라지다**. 그리고 빨리, **얼른** 가서 **홀로**, **외로이** 사는 사람을 **언론**에 알리다.

117 honest~120 machine | 영어단어 유음 및 구조화 연상 [3]

[스타가 아니고, 영화감독, 부처님, 멋있는 기계의 장]

117. honest : (형) 정직한, 거짓 없는
[ánist] 아니스트
스토리 연상 : 나는 스타가 아니니까 아니 스트라고 정직한, 거짓 없는 말을 했다.

118. ready : (형) 준비가 된, 각오가 되어 있는
[rédi] 레디
스토리 연상 : 영화감독은 레디하고 준비가 된, 상태에서 고한다.

119. future : (명) 미래, 장래
[fjúːtʃər] 퓨처
스토리 연상 : 부~처님께 미래, 장래를 빌어본다.

120. machine : (명) 기계, 기계장치
[məʃíːn] 머신
스토리 연상 : 우리 공장에는 머신는(멋있는) 기계가 있다.

그림 구조화 연상

나는 스타가 아니니까 아니 스트라고 정직한, 거짓 없는 말을 했고, 영화감독은 레디하고 준비가 된, 상태에서 고한다. 그리고 부~처님께 미래, 장래를 빌며, 우리 공장에는 머신는 기계가 있다.

chapter 12  영어단어 뜻 확인 [test 111~120]

아래 영어단어를 읽고 구조화로 연상되는 단어의 뜻을 써 보세요.

영어단어	연상하여 뜻 쓰기
111. joy [dʒɔi]	
112. anniversary [ænəvə́ːrsəri]	
113. ever [évər]	
114. wait [weit]	
115. disappear [dìsəpíər]	
116. alone [əlóun]	
117. honest [ánist]	
118. ready [rédi]	
119. future [fjúːtʃər]	
120. machine [məʃíːn]	

♥ 위 열 개의 영어단어와 뜻을 소리 내어 한 번씩 빠르게 읽어 보세요.
♥ 단어암기 훈련 시 기록이 단축되도록 3차까지 소요시간을 꼭 기록하세요.

[1차 소요시간   초] [2차 소요시간   초] [3차 소요시간   초]

121 twin~123 each 영어단어 유음 및 구조화 연상 [1]

[쌍둥이, 할아버지, 치약의 장]

121. **twin** : (명) 쌍둥이 중 한 사람, 쌍둥이의
 [twín] 트윈
 스토리 연상 : 똑같이 생긴 **투인**(人)은 **쌍둥이 중 한 사람**이다.

122. **hobby** : (명) 취미, 장기, 가장 능한 것
 [hábi] 하비
 스토리 연상 : 할아버지를 줄여서 할아비, **하비**하고 부르는 것이 나의 **취미**다.

123. **each** : (형) 각자의, 각각의
 [íːtʃ] 이취
 스토리 연상 : **각자의** 자기 **이치**에 맞게 **이**를 **치**약으로 닦는다.

그림 구조화 연상 STUDY

똑같이 생긴 **투인**(人)은 **쌍둥이 중 한 사람**이며, 할아버지를 줄여서 할아비, **하비**하고 부르는 것이 나의 **취미**다. 그리고 **각자의** 자기 **이치**에 맞게 **이**를 **치약**으로 닦는다.

124 cloud~126 arrive 영어단어 유음 및 구조화 연상 [2]

[구름과 먼지, 흐린 날, 공연장 도착의 장]

124. cloud : (명) 구름, 먼지
[klaud] 클라우드
스토리 연상 : 키가 **크**라고 **우두**커니 서 있으니 **구름**과 **먼지**가 몰려온다.

125. cloudy : (형) 흐린
[kláudi] 클라우디
스토리 연상 : 야! 날씨가 **흐린**데 **클라**(큰일 나)! 우리 **우디**(어디)로 가야할지 물었다.

126. arrive : (동) 도착하다, 도달하다
[əráiv] 어라이브   참고 live : 살아있는, 생생한, 생방송으로
스토리 연상 : 나는 **어! 라이브** 노래를 듣기 위해 공연장에 **도착하**다.

그림 구조화 연상 STUDY
키가 **크**라고 **우두**커니 서있으니 **구름**과 **먼지**가 몰려오며, 야! 날씨가 **흐린**데 **클라**! 우리 **우디**로 가야할지 물었다. 나는 **어! 라이브**로 노래를 듣기 위해 공연장에 **도착하**다.

127 answer~130 find
영어단어 유음 및 구조화 연상 [3]

[약 먹는 애, 시계, 화재, 불 속에 인두의 장]

127. answer : (명) 대답, 회답, 응답 (동) 대답하다, 책임을 지다
[ǽnsər] 앤써
스토리 연상 : 약이 쓰냐고 아이에게 물으니 앤~써! 하며, 쓰다고 대답한다.

128. seek : (동) 찾다, 추구하다, 구하다, 수색하다
[síːk] 시크
스토리 연상 : 시계가 필요하면 시계보고 크게 웃으면서 찾다, 구하다.

129. fire : (명) 불, 화재 (동) 불을 지르다, 발포하다
[faiər] 파이어
스토리 연상 : 캠프파이어 때 화(火)이여! 하며, 불을 보고 외치다.

130. find : (동) 우연히 발견하다, 찾아내다, 얻다
[faind] 파인드
스토리 연상 : 불 속에서 파(와), 인두를 우연히 발견하다, 찾아내다.

그림 구조화 연상

약이 쓰냐고 아이에게 물으니 앤~써! 하며, 쓰다고 대답하고, 시계가 필요하면 시계보고 크게 웃으면서 찾다, 구하다. 그리고 캠프파이어 때 화(火)이여! 하며, 불을 보고 외치니, 불 속에서 파와 인두를 우연히 발견하다, 찾아내다.

chapter 13  영어단어 뜻 확인 [test 121~130]

아래 영어단어를 읽고 구조화로 연상되는 단어의 뜻을 써 보세요.

영어단어	연상하여 뜻 쓰기
121. twin [twín]	
122. hobby [habi]	
123. each [íːtʃ]	
124. cloud [klaud]	
125. cloudy [kláudi]	
126. arrive [əráiv]	
127. answer [ǽnsər]	
128. seek [síːk]	
129. fire [faiər]	
130. find [faind]	

♥ 위 열 개의 영어단어와 뜻을 소리 내어 한 번씩 빠르게 읽어 보세요.
♥ 단어암기 훈련 시 기록이 단축되도록 3차까지 소요시간을 꼭 기록하세요.

[1차 소요시간   초]   [2차 소요시간   초]   [3차 소요시간   초]

131 combat~133 launder   영어단어 유음 및 구조화 연상 [1]

[전투 중에 껌, 대장, 빨 것이 많은 세탁의 장]

131. **combat** : (명) 전투 (동) 싸우다
 [kəmbǽt, kάmbæt] 컴뱃
 스토리 연상 : 군인이 **전투**할 때는 **껌 배트**(뱉어)라고 한다.

132. **general** : (형) 일반의 (명) 대장, 장군
 [dʒénərəl] 제너럴
 스토리 연상 : **일반의** 사람도 **쟤**는 **너를** 대장, 장군이라고 부른다.

133. **launder** : (동) 세탁하다, 빨아 다리미질하다
 [lɔ́:ndər] 론더
 스토리 연상 : 이렇게 많이 **세탁하다** 보니 **넌더**리가 난다.

그림 구조화 연상

군인이 **전투**할 때는 **껌 배트**라고 하며, **일반의** 사람도 **쟤**는 **너를** 대장, 장군이라고 부르고 있으며, 이렇게 많이 **세탁하다** 보니 **넌더**리가 난다.

134 festival~136 hug   영어단어 유음 및 구조화 연상 [2]

[벌 축제, 인터넷, 포옹하는 애인의 장]

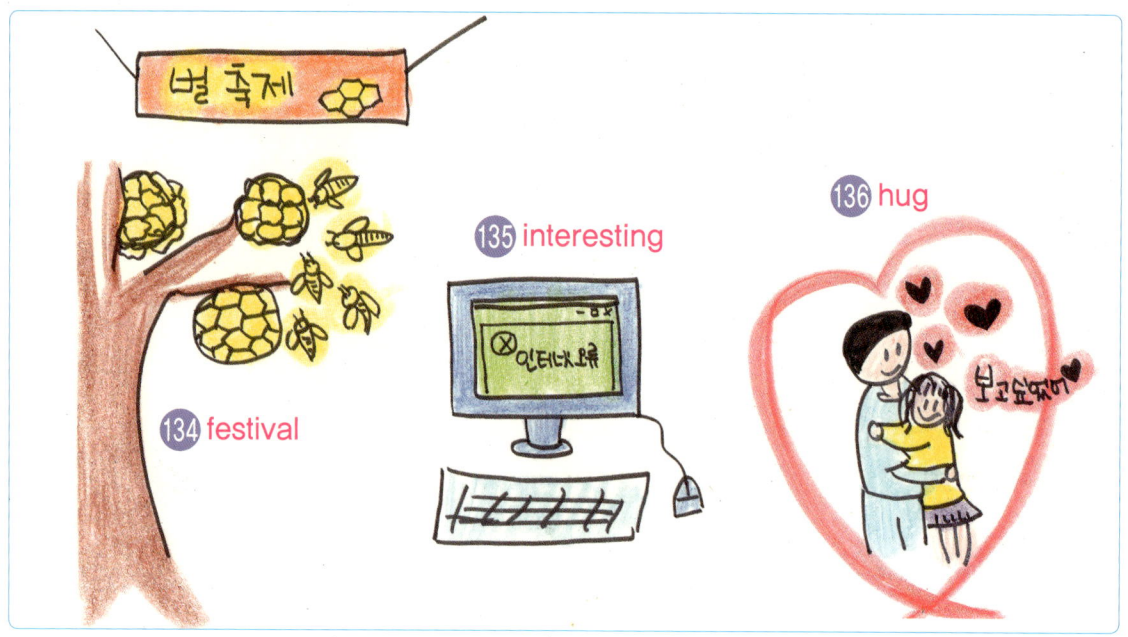

134. **festival** : (명) 축제, 잔치
   [féstəvəl] 페스티벌   참고 pass : 지나가다, 통과하다, 보내다
   스토리 연상 : 벌을 잡아서 친구에게 페스(통과)하고 티 나게 벌로 축제를 한다.

135. **interesting** : (형) 흥미 있는, 재미있는
   [íntərəstiŋ] 인터레스팅   참고 Internet : 국제적 컴퓨터 네트워크
   스토리 연상 : 모르면서 인터넷에서 스~ 팅(팅)기니까 재미있는 일이 생기다.

136. **hug** : (동) 껴안다, 포옹하다
   [hʌg] 허그
   스토리 연상 : 애인을 보니 반가워서 헉 껴안다, 포옹하다.

그림 구조화 연상 STUDY

벌을 잡아서 친구에게 페스하고 티 나게 벌로 축제를 하고 나서, 모르면서 인터넷에서 스~ 팅기니까 재미있는 일이 생기고, 애인을 보니 반가워서 헉 껴안다, 포옹하다.

| 137 torment~140 squid | 영어단어 유음 및 구조화 연상 [3] |

[꿱! 토하고, 이모와 조카, 전시 상황, 스키장의 장]

137. torment : (명) 고통, 고뇌 (동) 괴롭히다, 곤란하게 하다
[tɔːrmént] 토어멘트
스토리 연상 : 갑자기 토하면 트림이 나서 고통스럽고 괴롭히다.

138. emergency : (명) 비상사태, 위급, 비상시, 위급
[iméːrdʒénsi] 이머전시
스토리 연상 : 이모에게 이모 전시(전쟁)예요. 하면 비상사태, 위급한 상황이다.

139. anarchy : (명) 무정부 상태, 혼란, 무질서
[ǽnərki] 애너키
스토리 연상 : 전시 상황에서 애를 낳기는 무질서, 무정부 상태와 같다.

140. squid : (명) 오징어, 오징어 살, 오징어 모양의 모조 낚시
[skwíd] 스퀴드
스토리 연상 : 스키장에서 오징어가 스키도 잘 탄다.

그림 구조화 연상

갑자기 토하면 트림이 나서 고통스럽고 괴롭히다. 조카가 이모에게 이모 전시(전쟁)예요. 하면 비상사태, 위급한 상황이며, 이 상황에서 애를 낳기는 무질서, 무정부 상태와 같으며, 그리고 스키장에서 오징어가 스키도 잘 탄다.

chapter 14 영어단어 뜻 확인 [test 131~140]

아래 영어단어를 읽고 구조화로 연상되는 단어의 뜻을 써 보세요.

영어단어	연상하여 뜻 쓰기
131. combat [kəmbǽt, kάmbæt]	
132. general [dʒénərəl]	
133. launder [lɔ́:ndər]	
134. festival [féstəvəl]	
135. interesting [íntərəstiŋ]	
136. hug [hʌg]	
137. torment [tɔ:rmént]	
138. emergency [imə́:rdʒənsi]	
139. anarchy [ǽnərki]	
140. squid [skwíd]	

♥ 위 열 개의 영어단어와 뜻을 소리 내어 한 번씩 빠르게 읽어 보세요.
♥ 단어암기 훈련 시 기록이 단축되도록 3차까지 소요시간을 꼭 기록하세요.

[1차 소요시간   초] [2차 소요시간   초] [3차 소요시간   초]

141 lazy~143 income 영어단어 유음 및 구조화 연상 [1]

[게으른 늙은이, 트럭의 상인, 소득의 장]

141. lazy : (형) 게으른, 나태한
[léizi] 레이지
스토리 연상 : 저 늙은이도 **내 나이지**? 기운이 없어 **게으른** 행동을 한다.

142. merchant : (명) 상인, 소매상인 (형) 상업의
[mə́ːrtʃənt] 머~천트
스토리 연상 : **상인**이라면 **뭐**든지 **천 트**럭은 팔아야지!

143. income : (명) 수입, 소득
[ínkʌm] 인컴
스토리 연상 : 일을 시키면 **인건**비를 주어야 **소득**이 있다.

그림 구조화 연상 STUDY

저 늙은이도 **내 나이지**? 기운이 없어 **게으른** 행동을 하며, **상인**이라면 **뭐**든지 **천 트**럭은 팔아야지! 그리고 일을 시키면 **인건**비를 주어야 **소득**이 있다.

144 search~146 life 영어단어 유음 및 구조화 연상 [2]

[경찰과 취객, 씨 뿌리는 농부, 강도의 장]

144. **search** : (동) 찾다, 수색하다 (명) 수색, 조사
    [sə:rtʃ] 써치
    스토리 연상 : 경찰이 **서**쪽에서 **취**한 사람을 **찾다**, **수색하다**.

145. **sow** : (동) 뿌리다
    [sou] 쏘우
    스토리 연상 : 농부가 **소우**(牛)를 몰고 **솔**솔 씨를 **뿌리다**.

146. **life** : (명) 생명, 목숨, 사람, 일생, 생활
    [laif] 라이프   참고 knife : 칼
    스토리 연상 : 강도가 들어와 칼(**라·나이프** knife)을 들고 싸워 **생명**을 건지다.

그림 구조화 연상 STUDY

경찰이 **서**쪽에서 **취**한 사람을 **찾다**, **수색하다**. 그리고 농부가 **소우**(牛)를 몰고 **솔**솔 씨를 **뿌리다**. 강도가 들어와 칼(**라·나이프** knife)을 들고 싸워 **생명**을 건지다.

147 nation~150 map 영어단어 유음 및 구조화 연상 [3]

[카네이션, 애가 있는 섬, 바다 위 시추선, 지도의 장]

147. nation : (명) 국민, 국가
[néiʃən] 네이션
스토리 연상 : 내 이 손에 카네이션을 들고 국민과 국가를 지킬 것이다.

148. anthem : (명) 성가, 찬송가, 축가, 송가
[ǽnθəm] 앤섬
스토리 연상 : 어린 앤, 섬에서도 성가, 찬송가를 잘 부른다.

149. situation : (명) 위치, 장소, 상태
[sítʃuéiʃən] 시추에이션
스토리 연상 : 저기 석유 매장 시추A선(船)이 있는 곳이 위치, 장소이다.

150. map : (명) 지도, 도표
[mæp] 맵
스토리 연상 : 옷을 맵시 있게 입은 아가씨가 지도를 그리고 있다.

그림 구조화 연상 STUDY

내 이 손에 카네이션을 들고 국민과 국가를 지킬 것이며, 어린 앤, 섬에서도 성가, 찬송가를 잘 부른다. 저기 석유 시추A선(船)이 있는 곳이 위치, 장소가 되며, 옷을 맵시 있게 입은 아가씨가 지도를 그리고 있다.

chapter 15  영어단어 뜻 확인 [test 141~150]

아래 영어단어를 읽고 구조화로 연상되는 단어의 뜻을 써 보세요.

영어 단어	연상하여 뜻 쓰기
141. lazy [léizi]	
142. merchant [mə́ːrtʃənt]	
143. income [ínkʌm]	
144. search [sɔːrtʃ]	
145. sow [sou]	
146. life [laif]	
147. nation [néiʃən]	
148. anthem [ǽnθəm]	
149. situation [sítʃuéiʃən]	
150. map [mæp]	

♥ 위 열 개의 영어단어와 뜻을 소리 내어 한 번씩 빠르게 읽어 보세요.
♥ 단어암기 훈련 시 기록이 단축되도록 3차까지 소요시간을 꼭 기록하세요.

[1차 소요시간   초] [2차 소요시간   초] [3차 소요시간   초]

151 couple~153 each 영어단어 유음 및 구조화 연상 [1]

[두 사람, 비둘기와 새, 쇼하는 물고기의 장]

151. couple : (명) 둘, 한 쌍, 부부
[kʌpl] 커플
스토리 연상 : 둘, 한 쌍을 똑같이 쌍꺼풀 수술했다.

152. dove : (명) 비둘기
[dʌv] 덥
스토리 연상 : 비둘기와 더불어 사는 새가 있다.

153. shore : (명) 물가, 강기슭, 해안
[ʃɔ́ːr] 쇼어
스토리 연상 : 시원한 물가나 해안에서 쇼하는 물고기(어 魚)가 있다.

그림 구조화 연상 STUDY

둘, 한 쌍을 똑같이 쌍꺼풀 수술을 했다. 비둘기와 더불어 사는 새가 있고, 시원한 물가나 해안에서 쇼하는 물고기(어 魚)가 있다.

154 commerce~156 anyway   영어단어 유음 및 구조화 연상 [2]

[햇볕에 탄 얼굴, 웃는 아이, 길가는 아이의 장]

154. commerce : (명) 상업, 통상, 교역
   [kάməːrs] 카머스
   스토리 연상 : 상업을 하다 보니 얼굴이 햇볕에 타서 까머소!

155. laughing : (명) 웃는, 명랑한
   [lǽfiŋ] 래핑
   스토리 연상 : 지금 내 핑계 대고 웃는 것은 명랑한 일이다.

156. anyway : (부) 어쨌든, 어차피
   [éniwèi] 애니웨이   참고 way : 길, 코스
   스토리 연상 : 어린 애니까 웨이(길)로 어쨌든 꼭 돌아오라고 당부한다.

그림 구조화 연상 STUDY

상업을 하다 보니 얼굴이 햇볕에 타서 까머소! 지금 내 핑계 대고 웃는 것은 명랑한 일이며, 어린 애니까 웨이(길)로 어쨌든 꼭 돌아오라고 당부한다.

157 pardon~160 fear　　　영어단어 유음 및 구조화 연상 [3]

[먹는 파, 서로 인사, 잠이 깨다, 밤에 연기의 장]

157. **pardon** : (명) 용서, 사면, 특사 (동) 용서하다
　　[páːrdn] 파든
　　스토리 연상 : 먹는 파를 든 사람은 특별히 용서, 사면한다.

158. **greeting** : (명) 인사, 경례
　　[gríːtiŋ] 그리팅
　　스토리 연상 : 서로 인사하라고 했는데 그리 팅(튕)기면 어떻게 빨리 인사해!

159. **wake** : (동) 잠이 깨다, 눈을 뜨다, 깨우다
　　[weik] 웨이크
　　스토리 연상 : 나는 왜? 이크하고 소리가 나면 잠이 깨다.

160. **fear** : (명) 무서움, 불안, 공포 (동) 무서워하다, 걱정하다
　　[fiər] 피어
　　스토리 연상 : 밤에 서서히 연기가 피어오르니 무서움과 공포심이 생긴다.

그림 구조화 연상

먹는 파를 든 사람은 특별히 용서, 사면하고, 서로 인사하라고 했는데 그리 팅기면 어떻게 빨리 인사해! 그리고 나는 왜? 이크하고 소리가 나면 잠이 깨다. 밤에 서서히 연기가 피어오르니 무서움과 공포심이 생긴다.

chapter 16  영어단어 뜻 확인 [test 151~160]

아래 영어단어를 읽고 구조화로 연상되는 단어의 뜻을 써 보세요.

영어단어	연상하여 뜻 쓰기
151. couple [kʌpl]	
152. dove [dʌv]	
153. shore [ʃɔːr]	
154. commerce [káməːrs]	
155. laughing [lǽfiŋ]	
156. anyway [éniwèi]	
157. pardon [páːrdn]	
158. greeting [gríːtiŋ]	
159. wake [weik]	
160. fear [fiər]	

♥ 위 열 개의 영어단어와 뜻을 소리 내어 한 번씩 빠르게 읽어 보세요.
♥ 단어암기 훈련 시 기록이 단축되도록 3차까지 소요시간을 꼭 기록하세요.

[1차 소요시간   초]   [2차 소요시간   초]   [3차 소요시간   초]

161 arm~163 army　　　　영어단어 유음 및 구조화 연상 [1]

[건강한 팔, 암을 무기로, 육군으로 군대의 장]

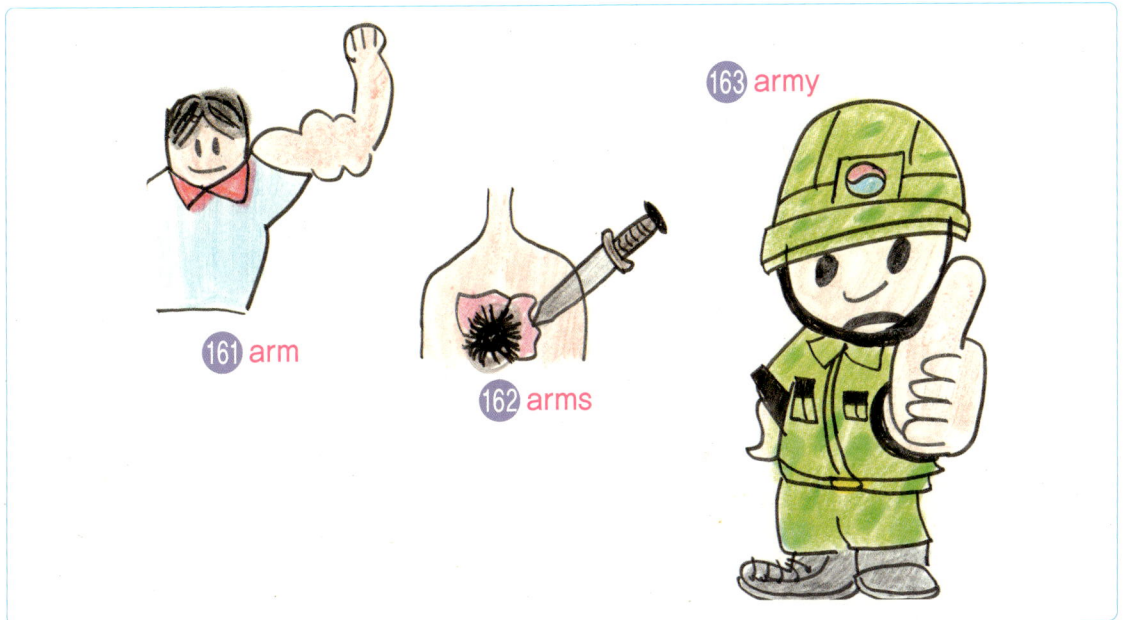

161. **arm** : (명) 팔, 권력
　　　[áːrm] 아암
　　　스토리 연상 : 건강한 팔은 아~암도 걸리지 않으니 권력이 있다.

162. **arms** : (명) 무기, 병기, 화기
　　　[áːrmz] 암즈
　　　스토리 연상 : 내 몸의 암쯤이야 무기, 병기로도 쏴서 죽일 수 있다.

163. **army** : (명) 육군, 군대, 큰 무리
　　　[áːrmi] 아미
　　　스토리 연상 : 갑자기 육군으로 군대를 가니 애인에게 아~ 미안하다고 한다.

그림 구조화 연상 STUDY

건강한 팔은 아~암도 걸리지 않으니 권력이 있으며, 내 몸의 암쯤이야 무기, 병기로도 쏴서 죽일 수 있고, 갑자기 육군으로 군대를 가니 애인에게 아~ 미안 하다고 한다.

164 figure ~ 166 prove | 영어단어 유음 및 구조화 연상 [2]

[숫자 · 그림 · 도형, 랜드에서 돈, 브라보 콘의 장]

164. figure : (명) 숫자, 계산, 그림, 도형
[fígjər] 피규어
스토리 연상 : 숫자나 인물, 도형, 그림들을 서로 비~교해 보자!

165. lend : (동) 빌려주다
[lend] 렌드   참고 land : 물, 육지, 토지, 땅
스토리 연상 : 어린이들이 서울랜드에서 돈을 빌려주다.

166. prove : (동) 입증하다, 시험하다, ~으로 판명되다
[pru:v] 프루브
스토리 연상 : 가게 주인이 콘을 풀어보면서 브라보콘이 녹지 않았다고 입증하다.

그림 구조화 연상 STUDY

숫자나 인물, 도형, 그림들을 서로 비~교해 보자고 하며, 어린이들이 서울랜드에서 돈을 빌려주다. 그리고 가게 주인이 콘을 풀어보면서 브라보콘이 녹지 않았다고 입증하다.

167 ankle~170 console 영어단어 유음 및 구조화 연상 [3]

[다친 발목, 껌 파는 동료, 투우사, 큰 솔의 장]

167. **ankle** : (명) 발목
     [ǽŋkl] 앤클
     스토리 연상 : 자동차에 **발목**이 다친 저 **앤 클**(큰일) 날뻔했다.

168. **company** : (명) 동료, 교제, 회사
     [kʌ́mpəni] 컴파니
     스토리 연상 : **회사**에서 **동료**친구가 너 **껌 파니** 하면서 **교제**하며 같이 판다.

169. **matador** : (명) 투우사
     [mǽtədɔ́ːr] 매터도
     스토리 연상 : **투우사**는 옷이 **매번 터져도** 소와 싸운다.

170. **console** : (동) 위로하다, 위문하다
     [kənsóul] 콘솔
     스토리 연상 : 큰 소를 잡기 전에 **큰 솔**로 소를 닦으며 **위로하다**.

그림 구조화 연상

자동차에 **발목**이 다친 저 **앤 클**(큰일) 날뻔했으며, **회사**에서 **동료**친구가 너 **껌 파니** 하면서 **교제**하며 같이 팔며, **투우사**는 옷이 **매번 터져도** 소와 싸우고, 큰 소를 잡기 전에 **큰 솔**로 소를 닦으며 **위로하다**.

chapter 17  영어단어 뜻 확인 [test 161~170]

아래 영어단어를 읽고 구조화로 연상되는 단어의 뜻을 써 보세요.

영어단어	연상하여 뜻 쓰기
161. arm [άːrmi]	
162. arms [άːrmz]	
163. army [άːrmi]	
164. figure [fígjər]	
165. lend [lend]	
166. prove [pruːv]	
167. ankle [æŋkl]	
168. company [kʌmpəni]	
169. matador [mætədɔ́ːr]	
170. console [kənsóul]	

♥ 위 열 개의 영어단어와 뜻을 소리 내어 한 번씩 빠르게 읽어 보세요.
♥ 단어암기 훈련 시 기록이 단축되도록 3차까지 소요시간을 꼭 기록하세요.

[1차 소요시간   초]   [2차 소요시간   초]   [3차 소요시간   초]

171 location~173 sweep | 영어단어 유음 및 구조화 연상 [1]

[서로 손 놓게, 상가 앞 불타는 돈, 수입한 청소기의 장]

171. **location** : 위치선정, 위치, 장소
 [loukéiʃən] 로케이션
 스토리 연상 : 사람이 있는 위치나 장소에서는 내 손을 놓게! 놓게 이손!

172. **downtown** : (명) 도심지, 상가, 상업지구
 [dáuntáun] 다운타운
 스토리 연상 : 도심지, 상가에서 사람이 다 운다. 왜! 돈이 불에 타 운다.

173. **sweep** : (동) 청소하다, 쓸어내리다, 엄습하다 (명) 청소
 [swíːp] 스위프
 스토리 연상 : 청소기 수입 후 깨끗이 청소하다.

그림 구조화 연상

사람이 있는 위치나 장소에서는 내 손을 놓게! 놓게 이손! 하며 뿌리쳤다. 도심지, 상가에서 사람이 다 운다. 왜! 돈이 불에 타 운다. 그리고 청소기 수입 후 깨끗이 청소하다.

174 monk~176 appeal

영어단어 유음 및 구조화 연상 [2]

[수도사의 얼굴, 자선냄비, 업히려고 애원의 장]

174. **monk** : (명) 수도사, 수사
 [mʌ́ŋk] 멍크
 스토리 연상 : 어찌된 일인지 수도사들의 얼굴에 멍이 크게 들다.

175. **charity** : (명) (성서에서 나오는) 사랑, 자비, 자애, 자선
 [tʃǽrəti] 채러티
 스토리 연상 : 매미채로 티를 담아 나누어 주며 자선과 자비를 베푼다.

176. **appeal** : (동) 애원하다, 간청하다 (명) 애원, 간청, 호소
 [əpíːl] 어필
 스토리 연상 : 아이들이 엄마 등에 업힐려고 호소, 애원하다.

그림 구조화 연상

어찌된 일인지 수도사들의 얼굴에 멍이 크게 들어있으며, 매미채로 티를 담아 나누어 주며 자선과 자비를 베풀고, 아이들이 엄마 등에 업힐려고 호소, 애원하다.

177 torrent~180 coworker — 영어단어 유음 및 구조화 연상 [3]

[급류 · 비, 암컷 모기, 마술사, 코 앞에 워커의 장]

177. torrent : (명) 급류, 억수
[tɔ́ːrənt] 토런트
스토리 연상 : 토요일에 렌트카를 빌리기로 했는데 억수 같은 비 때문에 취소되었다.

178. female : (명) 여성, 암컷 (형) 여성의, 암컷의
[fíːmeil] 피메일
스토리 연상 : 피 매일 빨아먹는 무시무시한 암컷 모기가 있다.

179. sorcery : (명) 마법, 마술, 요술
[sɔ́ːrsəri] 소서리
스토리 연상 : 마술사가 수수리 소서리 하면서 요술, 마술을 부린다.

180. coworker : (명) 동료, 같이 일하는 사람
[kóuwəːrkər] 코워커
스토리 연상 : 직장 동료끼리 함께 코로 워커(군화)를 닦고 있다.

그림 구조화 연상 STUDY

토요일에 렌트카를 빌리기로 했는데 억수 같은 비 때문에 취소됐으며, 피 매일 빨아먹는 무시무시한 암컷 모기가 있고, 마술사가 수수리 소서리 하면서 요술, 마술을 하고, 직장 동료끼리 함께 코로 워커(군화)를 닦고 있다.

chapter 18  영어단어 뜻 확인 [test 171~180]

아래 영어단어를 읽고 구조화로 연상되는 단어의 뜻을 써 보세요.

영어단어	연상하여 뜻 쓰기
171. location [loukéiʃən]	
172. downtown [dáuntáun]	
173. sweep [swíːp]	
174. monk [mʌŋk]	
175. charity [tʃǽrəti]	
176. appeal [əpíːl]	
177. torrent [tɔ́ːrənt]	
178. female [fíːmeil]	
179. sorcery [sɔ́ːrsəri]	
180. coworker [kóuwəːrkər]	

♥ 위 열 개의 영어단어와 뜻을 소리 내어 한 번씩 빠르게 읽어 보세요.
♥ 단어암기 훈련 시 기록이 단축되도록 3차까지 소요시간을 꼭 기록하세요.

[1차 소요시간   초]　[2차 소요시간   초]　[3차 소요시간   초]

181 arrival~**183** carrot　　　　영어단어 유음 및 구조화 연상 [1]

[달리기 시합, 컴퓨터 소년, 당근과 보석의 장]

181. **arrival** : (명) 도착, 도달
    [ərάivəl] 어라이벌
    스토리 연상 : 달리기 시합에 **어! 라이벌**이 생겼네! 먼저 **도착**해야지!

182. **conversation** : (명) 회화, 대화, 담화, 좌담
    [kάnvərséiʃən] 칸버세이션
    스토리 연상 : 컴퓨터 소년 **컴보**이 **셋이 선** 채로 **대화**, **담화**를 하다.

183. **carrot** : (명) 당근
    [kǽrət] 캐럿　　　참고 carat : 보석의 무게 단위
    스토리 연상 : **당근**을 몇 **캐럿**짜리 캐는지 일단 캐러 가자!

그림 구조화 연상
달리기 시합에 **어! 라이벌**이 생겼네! 내가 먼저 **도착**해야지! 그리고 컴퓨터 소년 **컴보**이 **셋이 선**채로 **대화**, **담화**를 나누는 동안, **당근**을 몇 **캐럿**짜리 캐는지 일단 캐러 가자!

184 bee~186 wing　　　영어단어 유음 및 구조화 연상 [2]

[비오는 날 벌, 벌의 가시, 벌의 날개 소리의 장]

184. bee : (명) 꿀벌, 벌
[bíː] 비　　　　　　　　　　참고 honey : 꿀
스토리 연상 : 비오는 날 꿀벌이 비를 맞고 날아간다.

185. thorn : (명) 가시, 극침
[θɔːrn] 쏜
스토리 연상 : 벌이 가시 같은 극침으로 나를 쏜다.

186. wing : (명) 날개
[wíŋ] 윙
스토리 연상 : 벌은 날 때 날개에서 윙~하고 소리가 난다.

그림 구조화 연상 STUDY

비오는 날 꿀벌이 비를 맞고 날아가서, 그 벌이 가시 같은 극침으로 나를 쏜다. 그리고 벌은 날 때 날개에서 윙~하고 소리가 난다.

| 187 meal~190 beer | 영어단어 유음 및 구조화 연상 [3] |

[밀로 만든 식사, 헤어진 애인, 경쟁 테스트, 맥주의 장]

187. meal : (명) 식사, 식사 시간
[míːl] 밀
스토리 연상 : 밀이 좋아 식사 시간에는 밀로 만든 것으로 식사한다.

188. sob : (동) 흐느껴 울다
[sab] 섭
스토리 연상 : 애인과 헤어지기 섭섭해서 흐느껴 울다.

189. contest : (명) 경쟁, 논쟁 (동) 논쟁하다
[kάntest] 칸테스트
스토리 연상 : 경기에 앞서 큰 테스트를 받으며 경쟁하다.

190. beer : (명) 맥주
[bíər] 비어
스토리 연상 : 너무 더워 시원하게 맥주를 마시니 잔에 맥주가 비어있었다.

그림 구조화 연상

밀이 좋아 식사 시간에는 밀로 만든 것으로 식사하며, 애인과 헤어지기 섭섭해서 흐느껴 울다. 그리고 경기에 앞서 큰 테스트를 받으며 경쟁하고, 너무 더워 시원하게 맥주를 마시니 잔에 맥주가 비어있었다.

chapter 19  영어단어 뜻 확인 [test 181~190]

아래 영어단어를 읽고 구조화로 연상되는 단어의 뜻을 써 보세요.

영어단어	연상하여 뜻 쓰기
181. arrival [əráivəl]	
182. conversation [kánvərséiʃən]	
183. carrot [kǽrət]	
184. bee [bíː]	
185. thorn [θɔːrn]	
186. wing [wíŋ]	
187. meal [míːl]	
188. sob [sab]	
189. contest [kántest]	
190. beer [bíər]	

♥ 위 열 개의 영어단어와 뜻을 소리 내어 한 번씩 빠르게 읽어 보세요.
♥ 단어암기 훈련 시 기록이 단축되도록 3차까지 소요시간을 꼭 기록하세요.

[1차 소요시간   초]   [2차 소요시간   초]   [3차 소요시간   초]

191 valley ~ 193 laughter

영어단어 유음 및 구조화 연상 [1]

[골짜기에서 벨리댄스, 목표달성, 웃음의 장]

191. **valley** : (명) 골짜기, 계곡
 [vǽli] 밸리 참고 belly : 배, 복부
 스토리 연상 : 계곡, 산골짜기에서 벨리댄스를 추다.

192. **achievement** : (명) 업적, 달성, 성공
 [ətʃíːvmənt] 어치브먼트
 스토리 연상 : 어찌보면 내가 이만큼 업적이 좋아 목표를 달성할 수 있었다.

193. **laughter** : (명) 웃음, 웃음소리
 [lǽftər-] 래프터
 스토리 연상 : 이제는 내(나) 부터 웃음소리가 크게 들리게 웃는다.

그림 구조화 연상 STUDY

계곡, 산골짜기에서 벨리댄스를 추다가, 어찌보면 내가 이만큼 업적이 좋아 목표를 달성할 수 있었으니, 이제는 내부터 웃음소리가 크게 들리게 웃는다.

194 antique~196 garage 영어단어 유음 및 구조화 연상 [2]

[골동품 장, 카우보이, 차고와 거지의 장]

194. antique : (형) 고미술의, 골동의 (명) 골동품
[æntíːk] 앤틱
스토리 연상 : 이건 왠! 티그 장이야! 아주 오래된 골동품이잖아!

195. couch : (명) 긴 의자, 소파
[kautʃ] 카우치   참고 cowboy : 목동, (미·속어)난폭자, 무법자
스토리 연상 : 주먹으로 긴 의자, 소파를 카우보이가 치다.

196. garage : (명) 차고
[gərάːʒ] 거라지
스토리 연상 : 갈 곳 없는 거라지(거지)가 차고에서 자고 있다.

그림 구조화 연상 STUDY

이건 왠! 티그 장이야! 아주 오래된 골동품이잖아! 하면서 주먹으로 긴 의자, 소파를 카우보이가 치고 있다. 그리고 갈 곳 없는 거라지(거지)는 차고에서 자고 있다.

197 leaf~200 pond 　　　영어단어 유음 및 구조화 연상 [3]

[나뭇잎, 소녀와 거울, 안갯속, 연못의 장]

197. **leaf** : (명) 잎, 한 장
 [líːf] 립
 스토리 연상 : 정말 한 장의 나뭇잎, 립이 푸르다.

198. **girl** : (명) 소녀, 딸, 여성근로자
 [gəːrl] 걸
 스토리 연상 : 소녀는 걸어 다니면서도 거울만 본다.

199. **fog** : (명) 안개, 혼미, 혼란
 [fɔ́ːg] 포그
 스토리 연상 : 포근한 안갯속으로 폭~ 들어가고 싶다.

200. **pond** : 못, 연못
 [pand] 폰드
 스토리 연상 : 연못 속에 빠지면 먼저 휴대폰 드는 사람도 있을 것이다.

그림 구조화 연상 STUDY

정말 한 장의 나뭇잎, 립이 푸르며, 소녀는 걸어 다니면서도 거울만 보며, 포근한 안갯속으로 폭~ 들어가고 싶다고 한다. 연못 속에 빠지면 먼저 휴대폰 드는 사람도 있을 것이다.

chapter 20 영어단어 뜻 확인 [test 191~200]

아래 영어단어를 읽고 구조화로 연상되는 단어의 뜻을 써 보세요.

영어단어	연상하여 뜻 쓰기
191. valley [vǽli]	
192. achievement [ətʃíːvmənt]	
193. laughter [lǽftər]	
194. antique [æntíːk]	
195. couch [kautʃ]	
196. garage [gərάːʒ]	
197. leaf [líːf]	
198. girl [gəːrl]	
199. fog [fɔ́ːg]	
200. pond [pand]	

♥ 위 열 개의 영어단어와 뜻을 소리 내어 한 번씩 빠르게 읽어 보세요.
♥ 단어암기 훈련 시 기록이 단축되도록 3차까지 소요시간을 꼭 기록하세요.

[1차 소요시간   초] [2차 소요시간   초] [3차 소요시간   초]

| 201 cool~203 stock | 영어단어 유음 및 구조화 연상 [1] |

[서늘한 곳에서 잠, 조각가, 수탉의 장]

201. cool : (형) 시원한, 서늘한, 냉정한 (동) 차게 하다, 식다
     [kuːl] 쿨
     스토리 연상 : 아이는 서늘한 나무그늘에서 시원하게 쿨쿨 잔다.

202. sculptor : (명) 조각가, 조각사
     [skʌlptər] 스컬프터
     스토리 연상 : 조각가가 식칼부터 들고 나무를 조각하다.

203. stock : (명) 재고품, 주식, 저장
     [stak] 스탁
     스토리 연상 : 시골에 있는 오래된 재고품 수탉이 주식을 물어다 저장해 놓는다.

그림 구조화 연상

아이는 서늘한 나무그늘에서 시원하게 쿨쿨 자며, 조각가는 식칼부터 들고 나무를 조각하고, 시골에 있는 오래된 재고품 수탉이 주식을 물어다 저장해 놓는다.

204 sure~206 expression   **영어단어 유음 및 구조화 연상 [2]**

[할머니 의자, 가을이 오던가, X자 풀의 장]

204. **sure** : (형) 확실한, 틀림없이
 [ʃuər] 슈어
 스토리 연상 : 할머니는 저기 의자에서 확실한, 틀림없이 쉬어가실 것이다.

205. **autumn** : (명) 가을, 추수, 초로기
 [ɔ́ːtəm] 오텀
 스토리 연상 : 나는 가을이 오던가 말든가 오~덤덤하다.

206. **expression** : (명) 표현, 표현법, 표정
 [ikspréʃən] 익스프레션
 스토리 연상 : 내가 엑스자(X)를 풀에서 표시하고 난 뒤, 손으로 표현했다.

그림 구조화 연상

할머니는 저기 의자에서 확실한, 틀림없이 쉬어가실 것 같으며, 나는 가을이 오던가 말든가 오~덤덤하고, 내가 엑스자(×)를 풀에서 표시하고 난 뒤, 손으로 표현했다.

| 207 hunt~210 shape | 영어단어 유음 및 구조화 연상 [3] |

[헌터에서 사냥, 목소리, 소 버린 군주, 새의 입모양의 장]

207. **hunt** : (명) 사냥 (동) 사냥하다, 추적하다
 [hʌnt] 헌트
 스토리 연상 : 못 쓰는 헌 터에서 사냥을 하다.

208. **voice** : (명) 목소리, 음성
 [vɔis] 보이스
 스토리 연상 : 뒤에서 누군가의 보이소하는 목소리가 들린다.

209. **sovereign** : (명) 주권자, 군주, 국왕, 독립국
 [sávərin] 소버린
 스토리 연상 : 가난한 백성에게 소를 주기 위해 소 버린 군주는 최고의 군주이다.

210. **shape** : (명) 모양, 모습 (동) 형성하다, 구체화하다
 [ʃeip] 쉐이프
 스토리 연상 : 아이들이 새의 입 모양, 모습의 모자를 머리에 쓰고 있다.

그림 구조화 연상

못 쓰는 헌 터에서 사냥을 하며, 뒤에서 누군가의 보이소하는 목소리가 들리고, 가난한 백성에게 소를 주기 위해 소 버린 군주는 최고의 군주이다. 그리고 아이들이 새의 입 모양, 모습의 모자를 머리에 쓰고 있다.

chapter 21  영어단어 뜻 확인 [test 201~210]

아래 영어단어를 읽고 구조화로 연상되는 단어의 뜻을 써 보세요.

영어단어	연상하여 뜻 쓰기
201. cool [kuːl]	
202. sculptor [skʌ́ptər]	
203. stock [stɑk]	
204. sure [ʃuər]	
205. autumn [ɔ́ːtən]	
206. expression [ikspréʃən]	
207. hunt [hʌnt]	
208. voice [vɔis]	
209. sovereign [sávərin]	
210. shape [ʃeip]	

♥ 위 열 개의 영어단어와 뜻을 소리 내어 한 번씩 빠르게 읽어 보세요.
♥ 단어암기 훈련 시 기록이 단축되도록 3차까지 소요시간을 꼭 기록하세요.

[1차 소요시간   초]   [2차 소요시간   초]   [3차 소요시간   초]

144 스크린 영단어 연상 기억술

| 211 ginseng~213 suspect | 영어단어 유음 및 구조화 연상 [1] |

[인삼, 아버지들, 백 속에 인삼의 장]

211. **ginseng** : (명) 인삼, 인삼 뿌리, 인삼으로 만든 약
    [dʒínséŋ] 진셍
    스토리 연상 : 인삼을 먹으면서 진짜로 생명을 유지시킨다.

212. **arbitrary** : (형) 임의의, 독단적인, 방자한
    [ɑ́ːrbətrèri] 아비트러리
    스토리 연상 : 인삼을 아비들(아버지들)이 임의적, 독단적인 방법으로 가지려 한다.

213. **suspect** : (동) 짐작하다, 의심하다, 추측하다
    [səspékt] 서스팩트
    스토리 연상 : 인삼이 백(가방) 속에 있는지 주인이 서서 백도 의심을 하다.

그림 구조화 연상 STUDY

인삼을 먹으면서 진짜로 생명을 유지시키며, 인삼을 아비들이 임의적, 독단적인 방법으로 가지려 하고, 인삼이 백(가방) 속에 있는지 가게 주인이 서서 백도 의심을 하다.

214 away ~ 216 choose   영어단어 유음 및 구조화 연상 [2]

[엄마와 아이, 공장, 가을에 추수의 장]

214. **away** : (부) 떨어져, 떠나, 저리로, 사라져
  [əwéi] 어웨이
  스토리 연상 : 너 말 안들을 거면 **어**서! **웨이**(길)로 **떠나** 멀리 **사라져**!

215. **learn** : (동) 배우다, 알다, 익히다, 습득하다
  [lə:rn] 런
  스토리 연상 : 공장에서 **넌**~ 빨리 기술을 **배우다**, **습득하다**.

216. **choose** : (동) 고르다, 선출하다, 선택하다
  [tʃu:z] 추스
  스토리 연상 : 가을에 **추수**하고 나서는 쌀을 잘 **고르다**, **선택하다**.

그림 구조화 연상 STUDY

너 말 안들을 거면 **어**서! **웨이**(길)로 **떠나** 멀리 **사라져**라고 하고, 공장에서 **넌**~ 빨리 기술을 **배우다**, **습득하다**. 그리고 가을에 **추수**하고 나서는 쌀을 잘 **고르다**, **선택하다**.

217 beauty~220 arrange — 영어단어 유음 및 구조화 연상 [3]

[미인, 매주 아이 측정, 큰 보이, 오렌지의 장]

217. beauty : (명) 아름다움, 미, 미인, 훌륭한 것
 [bjúːti] 뷰티
 스토리 연상 : 미인은 부티(富)나는 아름다움이 있다.

218. measure : (동) 재다, 측정하다 (명) 측정, 계량법, 계량의 단위, 수단
 [méʒər] 매저
 스토리 연상 : 간호사가 매주 저 아이의 몸무게와 키를 재다, 측정하다.

219. convoy : (동) 호송하다, 호위하다 (명) 호위, 호송
 [kánvɔi] 칸보이
 스토리 연상 : 나를 호위하며 큰 보이가 호송하다.

220. arrange : (동) 가지런하다, 정돈하다, 정리하다
 [əréindʒ] 어렌지
 스토리 연상 : 아이가 어린지는 몰라도 오렌지를 가지런히 잘 정돈하다.

그림 구조화 연상 STUDY

미인은 부티나는 아름다움이 있으며, 간호사가 매주 저 아이의 몸무게와 키를 재다, 측정하다. 그리고 나를 호위하며 큰 보이가 호송하다. 아이가 어린지는 몰라도 오렌지를 가지런히 잘 정돈하다.

chapter 22  영어단어 뜻 확인 [test 211~220]

아래 영어단어를 읽고 구조화로 연상되는 단어의 뜻을 써 보세요.

영어단어	연상하여 뜻 쓰기
211. ginseng [dʒinséŋ]	
212. arbitrary [áːrbətrèri]	
213. suspect [səspékt]	
214. away [əwéi]	
215. learn [ləːrn]	
216. choose [tʃuːz]	
217. beauty [bjúːti]	
218. measure [méʒər]	
219. convoy [kánvɔi]	
220. arrange [əréindʒ]	

♥ 위 열 개의 영어단어와 뜻을 소리 내어 한 번씩 빠르게 읽어 보세요.
♥ 단어암기 훈련 시 기록이 단축되도록 3차까지 소요시간을 꼭 기록하세요.

[1차 소요시간   초]   [2차 소요시간   초]   [3차 소요시간   초]

221 death~223 serious

영어단어 유음 및 구조화 연상 [1]

[대 스키 타다, 가족에게 유언, 시어른과 며느리의 장]

221. **death** : (명) 죽음, 사망
    [deθ] 데스
    스토리 연상 : 대 스키를 타다 넘어져 죽음, 사망.

222. **language** : (명) 국어, 언어, 말
    [lǽŋgwidʒ] 랭귀지
    스토리 연상 : 죽기 전에 가족에게 유언을 언어, 말로 냉기지(남기지).

223. **serious** : (형) 진지한, 중대한
    [síəriəs] 시어리어스
    스토리 연상 : 며느리에게 시어른이 어서 가라고 진지하게 중대한 말을 하다.

그림 구조화 연상

대 스키를 타다 넘어져 죽음, 사망. 그리고 죽기 전에 가족에게 유언을 언어, 말로 냉기지. 또 며느리에게 시어른이 어서 가라고 진지하게 중대한 말을 하다.

224 option~226 corner　　영어단어 유음 및 구조화 연상 [2]

[심판과 선수, 공정한 플레이, 코너킥의 장]

224. **option** : (명) 선택, 선택권, 선택지
　　　[ápʃən] 압션
　　　스토리 연상 : 축구 심판이 앞선 선수에게 공을 찰 선택권을 주다.

225. **fair** : (형) 공정한, 공평한 (부) 공명정대하게 (명) 품평회, 박람회
　　　[fɛər] 페어
　　　스토리 연상 : 페어플레이 하자! 공정한 시합을 하지 않으면 페어(때리다) 주겠다.

226. **corner** : (명) 모퉁이, 구석
　　　[kɔ́ːrnər] 코너
　　　스토리 연상 : 심판에게 공을 받은 축구선수가 구석에서 코너킥을 하다.

그림 구조화 연상 STUDY

축구 심판이 앞선 선수에게 공을 찰 선택권을 주면서, 페어플레이 하자! 공정한 시합을 하지 않으면 페어 주겠다고 한다. 심판에게 공을 받은 축구선수가 구석에서 코너킥을 차다.

227 doctor~230 fatigue 영어단어 유음 및 구조화 연상 [3]

[닭털과 의사, 외과의사, 내과의사, 노동으로 피곤의 장]

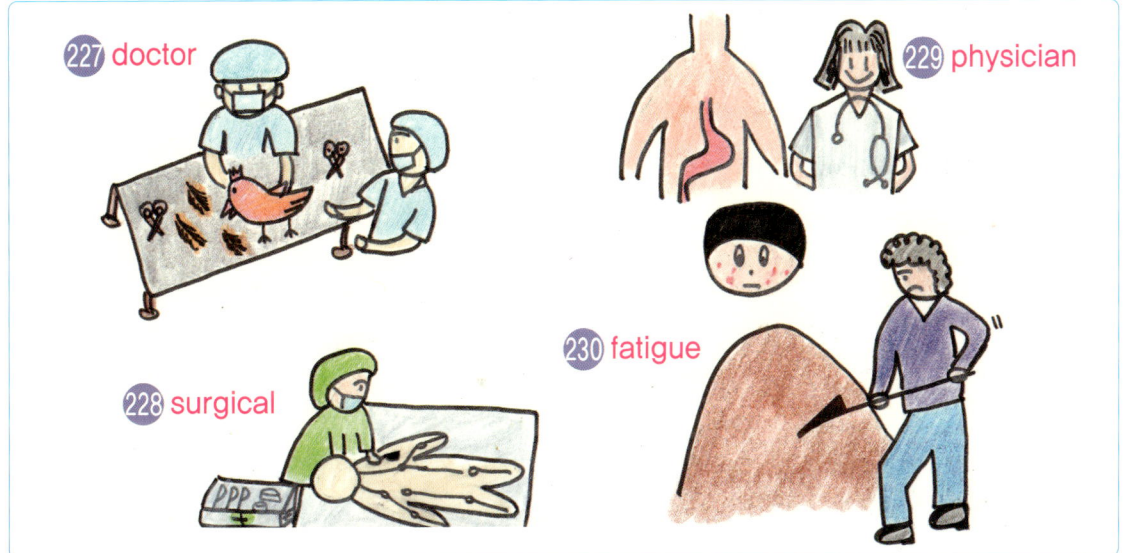

227. doctor : (명) 의사, 박사
[dάktər] 닥터
스토리 연상 : 동물실험을 위해 박사인 의사가 닭털을 뽑고 있다.

228. surgical : (형) 외과의
[sə́ːrdʒikəl] 서지컬
스토리 연상 : 외과의사는 팔다리 사지에 칼을 댄다.

229. physician : (명) 내과의사
[fizíʃən] 피지션
스토리 연상 : 얼굴에 피지션이 생기면 위장이 안 좋은 것이니깐 내과의사와 상담하라.

230. fatigue : (명) 피로, 피곤
[fətíːg] 퍼티그
스토리 연상 : 노동으로 인하여 하루 종일 버티기 피곤, 피로하다.

그림 구조화 연상 STUDY

동물실험을 위해 박사인 의사가 닭털을 뽑고 있으며, 외과의사는 팔다리 사지에 칼을 댄다. 그리고 얼굴에 피지션이 생기면 위장이 안 좋은 것이니깐 내과의사와 상담하고, 노동으로 인하여 하루 종일 버티기 피곤, 피로하다.

chapter 23 영어단어 뜻 확인 [test 221~230]

아래 영어단어를 읽고 구조화로 연상되는 단어의 뜻을 써 보세요.

영어단어	연상하여 뜻 쓰기
221. death [deθ]	
222. language [læŋgwidʒ]	
223. serious [síəriəs]	
224. option [ápʃən]	
225. fair [fɛər]	
226. corner [kɔ́ːrnər]	
227. doctor [dáktər]	
228. surgical [sə́ːrdʒikəl]	
229. physician [fizíʃən]	
230. fatigue [fətíːg]	

♥ 위 열 개의 영어단어와 뜻을 소리 내어 한 번씩 빠르게 읽어 보세요.
♥ 단어암기 훈련 시 기록이 단축되도록 3차까지 소요시간을 꼭 기록하세요.

[1차 소요시간   초]   [2차 소요시간   초]   [3차 소요시간   초]

152 스크린 영단어 연상 기억술

| 231 bamboo~233 nurse | 영어단어 유음 및 구조화 연상 [1] |

[대나무 숲에 뱀, 트럭에 실은 약, 약 봉투 든 간호사의 장]

231. **bamboo** : (명) 대나무, 죽재
   [bæmbúː] 뱀부
   스토리 연상 : 뱀을 자루에 담아 가지고 가 대나무 숲에 뱀을 부우다.

232. **drug** : (명) 약, 약제, 약품, 마약
   [drʌg] 드럭
   스토리 연상 : 약과 약품을 손으로 들어 트럭에 실었다.

233. **nurse** : (명) 간호사, 유모 (동) 간호하다, 젖먹이다
   [nəːrs] 너스
   스토리 연상 : 간호사가 환자에게 줄 약을 봉투에 넣수다.

그림 구조화 연상 STUDY
뱀을 자루에 담아 가지고 가 대나무 숲에 뱀을 부우고, 약과 약품을 손으로 들어 트럭에 실었으며, 간호사가 환자에게 줄 약을 봉투에 넣수다.

| 234 rust~236 event | 영어단어 유음 및 구조화 연상 [2] |

[녹슨 그릇, 뱃사공, 2개의 밴드의 장]

234. rust : (명) 녹 (동) 녹슬다, 부식하다
[rʌst] 러스트
스토리 연상 : 녹슨 그릇을 너무 스트레스 받으며 닦고 있다.

235. beckon : (동) 손짓, 몸짓으로 부르다, 유혹하다
[békən] 베컨
스토리 연상 : 배를 타기 위해 손짓, 몸짓으로 뱃꾼(뱃사공)을 부른다.

236. event : (명) 사건, 행사
[ivént] 이벤트
스토리 연상 : 행사 때 무료로 2개씩 밴드를 나눠주는 사건이 있었다.

그림 구조화 연상 STUDY

녹슨 그릇을 너무 스트레스 받으며 닦고 있으며, 배를 타기 위해 손짓, 몸짓으로 뱃꾼(뱃사공)을 부르고, 행사 때 무료로 2개씩 밴드를 나눠주는 사건이 있었다.

237 reckon~240 scissors 영어단어 유음 및 구조화 연상 [3]

[돈 계산, mbc 방송, 태양아래 소, 가위와 씨의 장]

237. reckon : (동) 세다, 계산하다
[rékən] 레컨
스토리 연상 : 음식점에서 내가 먹은 내껀 돈을 직접 세며 계산하다.

238. ambitious : (형) 야망, 야심을 품은, 야심적인, 의욕적인, 활발한
[æmbíʃəs] 엠비셔스
스토리 연상 : mbc 방송국에서 야망을 품고, 작품을 촬영했다.

239. solar : (형) 태양의
[sóulər] 솔러
스토리 연상 : 태양의 빛 때문에 소가 울려고 한다.

240. scissors : (명) 가위
[sízərz] 시저즈
스토리 연상 : 씨앗을 볶기 위해 가위로 씨를 저즈라고 한다.

그림 구조화 연상

음식점에서 내가 먹은 내껀 돈을 직접 세며 계산하다. 그리고 mbc 방송국에서 야망을 품고 작품을 촬영했고, 태양의 빛 때문에 소가 울려고 하고, 그 옆에서는 씨앗을 볶기 위해 가위로 씨를 저즈라고 한다.

chapter 24  영어단어 뜻 확인 [test 231~240]

아래 영어단어를 읽고 구조화로 연상되는 단어의 뜻을 써 보세요.

영어단어	연상하여 뜻 쓰기
231. bamboo [bæmbúː]	
232. drug [drʌg]	
233. nurse [nəːrs]	
234. rust [rʌst]	
235. beckon [békən]	
236. event [ivént]	
237. reckon [rékən]	
238. ambitious [æmbíʃəs]	
239. solar [sóulər]	
240. scissors [sízərz]	

♥ 위 열 개의 영어단어와 뜻을 소리 내어 한 번씩 빠르게 읽어 보세요.
♥ 단어암기 훈련 시 기록이 단축되도록 3차까지 소요시간을 꼭 기록하세요.

[1차 소요시간   초] [2차 소요시간   초] [3차 소요시간   초]

| 241 gape~243 assassin | **영어단어 유음 및 구조화 연상 [1]** |

[개의 하품, 개가 대문 밖, 암살자의 장]

241. **gape** : (동) 하품하다, 입을 딱 벌리다 (명) 쩍 벌어진 틈
　　　[geip] 게잎
　　　스토리 연상 : 마당에서 **개**가 **입**을 벌려 **하품하다**.

242. **bark** : (동) 짖다, 크게 야단치다, 고함치다
　　　[ba:rk] 바크
　　　스토리 연상 : 개가 대문 **밖으**로 나가서 **짖다**.

243. **assassin** : (명) 암살자, 자객, 인격을 손상시키는 사람
　　　[əsǽsn] 어쌔신
　　　스토리 연상 : **어**! **사신** 같은 **암살자**가 나타났다.

그림 구조화 연상 STUDY

마당에서 **개**가 **입**을 벌려 **하품하다**. 그리고서 개가 대문 **밖으**로 나가서 **짖다**. 잠시 후에 **어**! **사신** 같은 **암살자**가 나타났다.

244 cough~246 version   영어단어 유음 및 구조화 연상 [2]

[기침과 콧물, 인쇄인, 번역 책의 장]

244. **cough** : (동) 기침하다 (명) 기침
    [kɔːf] 코프
    스토리 연상 : 기침하면 콧물이 나와 코푼다.

245. **insane** : (형) 제정신이 아닌, 미친, 미친 듯한
    [inséin] 인세인
    스토리 연상 : 종이 값 인상으로 인쇄인이 미친 듯, 제정신이 아닌 듯하다.

246. **version** : (명) 번역, 번역문
    [vəːrʒən] 버전
    스토리 연상 : 최신 버전으로 보존 할 수 있게 번역 책이 나왔다.

그림 구조화 연상 STUDY

기침하면 콧물이 나와 코푼다. 종이 값 인상으로 인쇄인이 미친 듯, 제정신이 아닌 듯하며, 최신 버전으로 보존 할 수 있게 번역 책이 나왔다.

247 leisure~250 battle · 영어단어 유음 및 구조화 연상 [3]

[내 저금통, 패자, 도끼, 바다에서 전쟁의 장]

247. **leisure** : (명) 자유 시간, 틈, 여가
   [líːʒər] 레저
   스토리 연상 : 틈나면 자유 시간에 내 저금통을 깨고 레저 활동을 했다.

248. **loser** : (명) 패자, 실패자, 쓸모없는 사람
   [lúːzər] 루저
   스토리 연상 : 패자는 경기에서 늘 저 쓸모없는 사람이다.

249. **ax** : (명) 도끼
   [æks] 액스
   스토리 연상 : 두 자루의 도끼를 들고, 엑스자(X)를 만들다.

250. **battle** : (동) 전투, 싸우다 (명) 전쟁, 투쟁
   [bǽtl] 배틀
   스토리 연상 : 바다에서 전쟁하면서 배가 틀어져도 싸우다.

그림 구조화 연상

틈나면 자유 시간에 내 저금통을 깨고 레저 활동을 했으며, 패자는 경기에서 늘 저 쓸모없는 사람이 되고, 두 자루의 도끼를 들고 엑스자(X)를 만들며, 바다에서 전쟁하면서 배가 틀어져도 싸우다.

chapter 25 영어단어 뜻 확인 [test 241~250]

아래 영어단어를 읽고 구조화로 연상되는 단어의 뜻을 써 보세요.

영어단어	연상하여 뜻 쓰기
241. gape [geip]	
242. bark [bɑːrk]	
243. assassin [əsǽsn]	
244. cough [kɔːf]	
245. insane [inséin]	
246. version [vɜ́ːrʒən]	
247. leisure [líːʒər]	
248. loser [lúːzər]	
249. ax [æks]	
250. battle [bǽtl]	

♥ 위 열 개의 영어단어와 뜻을 소리 내어 한 번씩 빠르게 읽어 보세요.
♥ 단어암기 훈련 시 기록이 단축되도록 3차까지 소요시간을 꼭 기록하세요.

[1차 소요시간   초]   [2차 소요시간   초]   [3차 소요시간   초]

251 article~253 huge　　　영어단어 유음 및 구조화 연상 [1]

[신문 기자, 밭에 파, 후지산과 휴지의 장]

251. article : (명) 기사, 논설, 물품, 조항
[á:rtikl] 아티클
스토리 연상 : 신문 기자가 아! 티끌 모아 신문에 기사, 논설을 쓰다.

252. far : (부) 멀리 (형) 훨씬
[fa:r] 파
스토리 연상 : 밭에서 파를 뽑아 아주 멀리, 훨씬 멀리 버린다.

253. huge : (형) 거대한, 막대한
[hjú:dʒ] 휴즈
스토리 연상 : 일본의 후지산처럼 거대한 모양으로 휴지를 쌓아 놓았다.

그림 구조화 연상 STUDY

신문 기자가 아! 티끌 모아 신문에 기사, 논설을 쓰다. 그리고 밭에서 파를 뽑아 아주 멀리, 훨씬 멀리 버리며, 일본의 후지산처럼 거대한 모양으로 휴지를 쌓아 놓았다.

| 254 peculiar~256 mystery | 영어단어 유음 및 구조화 연상 [2] |

[오이 피클, 이모부와 책상, 신비의 세계의 장]

254. **peculiar** : (형) 기묘한, 특이한
 [pikjúːljər] 피큘이어
 스토리 연상 : 오이피클을 집어 먹으니 기묘한 맛이 나서 피클이여! 외치다.

255. **remove** : (동) 치우다, 제거하다, 이사하다, 이동하다
 [rimúːv] 리무브
 스토리 연상 : 이모부와 낡은 책상을 같이 치우다.

256. **mystery** : (명) 신비, 비밀, 수수께끼, 불가사의
 [místəri] 미스터리
 스토리 연상 : 미스터 리(이씨 아저씨)가 신비한 세계로 가다.

그림 구조화 연상

오이피클을 손으로 집어 먹으니 기묘한 맛이 나서 피클이여! 외치고 나서는, 이모부와 낡은 책상을 같이 치우다. 그리고 미스터 리(이씨 아저씨)가 신비한 세계로 가다.

257 recipe~260 goose 영어단어 유음 및 구조화 연상 [3]

[레슬링 선수 요리, 주인과 하인, TV, 거위 구이의 장]

257. recipe : (명) 조리법, 요리법
[résəpí] 레서피
스토리 연상 : 레슬링 선수가 서서 피를 흘리면서도 조리법 책을 보며 요리하다.

258. owner : (명) 주인, 임자, 소유권자
[óunər] 오너
스토리 연상 : 주인이 이리 오너라 하니 하인이 나온다.

259. relative : (명) 친척, 인척, 일가
[rélətiv] 릴러티브
스토리 연상 : 너는 친척이니까 낼(내일) 너에게 TV를 주겠다.

260. goose : (명) 거위, 거위 고기
[guːs] 구스
스토리 연상 : 거위를 잡아 불에 구었스! 거위 고기가 참 구스하군요.

그림 구조화 연상 STUDY

레슬링 선수가 서서 피를 흘리면서도 조리법 책을 보며 요리하며, 주인이 이리 오너라 하니 하인이 나오니, 너는 친척이니까 낼 너에게 TV를 주겠다고 한다. 그리고 거위를 잡아 불에 구었스! 거위 고기가 참 구스하군요.

chapter 26 영어단어 뜻 확인 [test 251~260]

아래 영어단어를 읽고 구조화로 연상되는 단어의 뜻을 써 보세요.

영어단어	연상하여 뜻 쓰기
251. article [áːrtikl]	
252. far [fɑːr]	
253. huge [hjuːdʒ]	
254. peculiar [pikjúːljər]	
255. remove [rimúːv]	
256. mystery [místəri]	
257. recipe [résəpí]	
258. owner [óunər]	
259. relative [rélətiv]	
260. goose [guːs]	

♥ 위 열 개의 영어단어와 뜻을 소리 내어 한 번씩 빠르게 읽어 보세요.
♥ 단어암기 훈련 시 기록이 단축되도록 3차까지 소요시간을 꼭 기록하세요.

[1차 소요시간   초]   [2차 소요시간   초]   [3차 소요시간   초]

164 스크린 영단어 연상 기억술

261 bedroom~263 zeal 영어단어 유음 및 구조화 연상 [1]

[침실에 누움, 악어와 크래커, 침 흘리며 열중의 장]

261. **bedroom** : (명) 침실
 [bédrúːm] 베드룸
 스토리 연상 : 침실에서 배를 드러내고 누움.

262. **crocodile** : (명) 악어
 [krάkədàil] 크로커다일
 스토리 연상 : 악어가 크래커를 타일 위에서 먹고 있다.

263. **zeal** : (명) 열심, 열성, 열의, 열중
 [zíːl] 질
 스토리 연상 : 나는 침을 질질 흘리면서 열심히 열중하며 공부하다.

그림 구조화 연상

침실에서 배를 드러내고 누움. 악어가 크래커를 타일 위에서 먹고 있으며, 나는 침을 질질 흘리면서 열심히 열중하며 공부하다.

264 candid~266 strow 영어단어 유음 및 구조화 연상 [2]

[아이와 캔디, 작고 어린아이, 스트로 빨대의 장]

264. **candid** : (형) 솔직한, 숨김없는, 공평한
 [kǽndid] 캔디드
 스토리 연상 : 아이가 몰래 캔디도 먹었다고 숨김없이, 솔직하게 말하다.

265. **little** : (형) 작은, 어린, 조금은
 [lítl] 리틀
 스토리 연상 : 작고, 어린 니들은 정말 귀여운 리틀이다.

266. **straw** : (명) 짚, 빨대
 [strɔː] 스트로
 스토리 연상 : 밀짚으로 만든 스트로 빨대로 음료수를 마시다.

그림 구조화 연상

아이가 몰래 캔디도 먹었다고 숨김없이, 솔직하게 말하는 작고, 어린 니들은 정말 귀여운 리틀이다. 그리고 밀짚으로 만든 스트로 빨대로 음료수를 마시다.

| 267 count~270 inspect | 영어단어 유음 및 구조화 연상 [3] |

[인공위성, 과학자, 싸구려 쥐포, 백 검사의 장]

267. **count** : (동) 세다, 샘에 넣다 (명) 계산
 [kaunt] 카운트
 스토리 연상 : 인공위성 발사 시 **카운트**다운이 시작되면서 숫자를 **세다**.

268. **scientist** : (명) 과학자
 [sáiəntist] 사이언티스트
 스토리 연상 : 과학자들은 스트레스가 **쌓**이면 언제나 **티** 나게 **스트**레스를 푼다.

269. **cheap** : (형) 싼, 싸구려의
 [tʃíːp] 칩
 스토리 연상 : 아이들이 시장에서 **싼**, **싸구려의 쥐포**를 사먹고 있다.

270. **inspect** : (동) 면밀하게 살피다, 시찰하다, 검사하다
 [inspékt] 인스펙트
 스토리 연상 : 경찰이 수상히 여겨 **인수**한 **백**(가방)**도 검사하다**, 조사하다.

그림 구조화 연상

인공위성 발사 시 **카운트**다운이 시작되면서 숫자를 **세다**. 과학자들은 스트레스가 **쌓**이면 언제나 **티** 나게 **스트**레스를 풀며, 아이들이 시장에서 **싼**, **싸구려의 쥐포**를 사먹고 있고, 경찰이 수상히 여겨 **인수**한 **백**(가방)**도 검사하다**, 조사하다.

chapter 27  영어단어 뜻 확인 [test 261~270]

아래 영어단어를 읽고 구조화로 연상되는 단어의 뜻을 써 보세요.

영어단어	연상하여 뜻 쓰기
261. bedroom [bédrúːm]	
262. crocodile [krákədàil]	
263. zeal [zíːl]	
264. candid [kǽndid]	
265. little [lítl]	
266. straw [strɔː]	
267. count [kaunt]	
268. scientist [sáiəntist]	
269. cheap [tʃíːp]	
270. inspect [inspékt]	

♥ 위 열 개의 영어단어와 뜻을 소리 내어 한 번씩 빠르게 읽어 보세요.
♥ 단어암기 훈련 시 기록이 단축되도록 3차까지 소요시간을 꼭 기록하세요.

[1차 소요시간   초] [2차 소요시간   초] [3차 소요시간   초]

| 271 courage~273 despise | 영어단어 유음 및 구조화 연상 [1] |

[용기 있는 칼, 깡패, 뒤에서 스파이의 장]

271. **courage** : (명) 용기, 담력, 배짱
   [kə́ːridʒ] 커리쥐
   스토리 연상 : 용기 있는 사람은 칼 있지!

272. **suffer** : (동) 경험하다, 견디다, 괴로워하다
   [sʌfər] 서퍼
   스토리 연상 : 깡패가 서서 페(패)도 나는 참고 견디다, 고통을 경험하다.

273. **despise** : (동) 경멸하다, 멸시하다, 혐오하다
   [dispáiz] 디스파이즈
   스토리 연상 : 내 뒤에서 몰래 뒤 스파이짓 하는 것을 경멸하다.

그림 구조화 연상

용기 있는 사람은 칼 있지! 그리고 깡패가 서서 페도 나는 참고 견디다, 고통을 경험하다. 내 뒤에서 몰래 뒤 스파이짓 하는 것을 경멸하다.

274 appear~276 pursue 영어단어 유음 및 구조화 연상 [2]

[원숭이 등에, 버드나무의 새, 포수의 장]

274. **appear** : (동) 출현하다, 나타나다
 [əpíər] 어피어
 스토리 연상 : 원숭이 새끼가 어미 등에 **업히어 나타나다**.

275. **bird** : (명) 새
 [bəːrd] 버드
 스토리 연상 : 새가 **버드**나무 가지에 앉아 있다.

276. **pursue** : (동) 쫓다, 추구하다, 추적하다, 종사하다
 [pərsuː] 퍼수
 스토리 연상 : 새를 잡으려고 **포수**가 **뒤쫓다, 추적하다**.

그림 구조화 연상 STUDY

원숭이 새끼가 어미 등에 **업히어 나타나다**. 그리고 새가 **버드**나무 가지에 앉아 있으며, 새를 잡으려고 **포수**가 **뒤쫓다, 추적하다**.

| 277 fresh~280 avert | 영어단어 유음 및 구조화 연상 [3] |

[신선한 생선, 천막집에 흉내, 시장님, 어버이 고개의 장]

277. **fresh** : (형) 신선한, 새로운
　　[freʃ] 프레쉬　　　　　　　참고 flash : 번쩍임, 번쩍하는 빛
　　스토리 연상 : 후레쉬(플래시)로 신선한 생선을 비추어 본다.

278. **mock** : (동) 조롱하다, 흉내 내며 놀리다, 비웃다
　　[mak] 막
　　스토리 연상 : 천막 안에서 음식을 막 먹으니 사람들이 흉내를 내며 놀리다.

279. **mayor** : (명) 시장, 군수
　　[méiər] 메이어
　　스토리 연상 : 시장님은 항상 직무에 얽메이어 있다.

280. **avert** : (동) 돌리다, 피하다
　　[əvə́rt] 어버트
　　스토리 연상 : 어버이가 고개를 틀어 시선을 돌리다, 피하다.

그림 구조화 연상

후레쉬로 신선한 생선을 비추어 보면서, 천막 안에서 음식을 막 먹으니 사람들이 흉내를 내며 놀리다. 시장님은 항상 직무에 얽메이어 있으니, 어버이가 고개를 틀어 시선을 돌리다, 피하다.

chapter 28  영어단어 뜻 확인 [test 271~280]

아래 영어단어를 읽고 구조화로 연상되는 단어의 뜻을 써 보세요.

영어단어	연상하여 뜻 쓰기
271. courage [kə́:ridʒ]	
272. suffer [sʌ́fər]	
273. despise [dispáiz]	
274. appear [əpíər]	
275. bird [bə:rd]	
276. pursue [pərsu:]	
277. fresh [freʃ]	
278. mock [mak]	
279. mayor [méiər]	
280. avert [əvə́:rt]	

♥ 위 열 개의 영어단어와 뜻을 소리 내어 한 번씩 빠르게 읽어 보세요.
♥ 단어암기 훈련 시 기록이 단축되도록 3차까지 소요시간을 꼭 기록하세요.

[1차 소요시간   초] [2차 소요시간   초] [3차 소요시간   초]

281 fit ~ 283 bonanza

영어단어 유음 및 구조화 연상 [1]

[옷의 길이 피트, 버스 안 데이트, 금광 노다지의 장]

281. **fit** : (동) 맞다 (형) 적당한, 꼭 맞는 (명) 적합
  [fít] 피트 참고 feet : 야드파운드법에 의한 길이의 단위
  스토리 연상 : 내 옷의 길이는 센치 말고 **피트**로 재야 **꼭 맞다**.

282. **birthday** : (명) 탄생일, 생일, 창립기념일
  [bə́ːrθdèi] 버스데이
  스토리 연상 : **생일**날 특이하게 **버스**타고 **데이트**한다.

283. **bonanza** : (명) 노다지, 대성공, 행운, 큰돈, 거금, 보고
  [bənǽnzə] 보낸저
  스토리 연상 : 금광에서 **보**석을 **낸 자**가 **노다지**, **행운**이 있어 **큰돈**을 번다.

그림 구조화 연상

내 옷의 길이는 센치 말고 **피트**로 재야 **꼭 맞다**. 나는 **생일**날 특이하게 **버스**타고 **데이트**를 하며, 금광에서 **보**석을 **낸 자**가 **노다지**, **행운**이 있어 **큰돈**을 번다.

284 donkey~286 beard 영어단어 유음 및 구조화 연상 [2]

[당나귀 등에 돈과 키, 5세트, 턱수염의 장]

284. **donkey** : (명) 당나귀
 [dάŋki] 돈키
 스토리 연상 : 당나귀 등에 돈과 키(열쇠)를 잔뜩 싣고 간다.

285. **ascent** : (명) 상승, 오름
 [əsént] 어센트
 스토리 연상 : 오늘 물가가 5센트 상승하다.

286. **beard** : (명) 턱수염
 [bíərd] 비어드
 스토리 연상 : 턱수염은 매일 면도기로 비어도(베어도) 또 자란다.

그림 구조화 연상

당나귀 등에 돈과 키(열쇠)를 잔뜩 싣고 가고 있으며, 오늘 물가는 5센트 상승하다. 그리고 나의 턱수염은 매일 면도기로 비어도 또 자란다.

287 zoo~290 scare 영어단어 유음 및 구조화 연상 [3]

[동물원, 소먹이 풀, 누런 벼의 시골, 수놈의 개의 장]

287. **zoo** : (명) 동물원
 [zuː] 쥬
 스토리 연상 : 동물원에서 동물들에게 주스를 먹이로 주다.

288. **fully** : (부) 충분히, 완전히, 꼬박
 [fúlli] 풀이 참고 full : 충분한, 가득찬
 스토리 연상 : 소에게 먹일 풀이 많아 충분히 꼬박 꼬박 풀을 먹이다.

289. **rural** : (형) 시골의, 전원의
 [rúərəl] 루럴
 스토리 연상 : 벼가 익어 누럴 때는 시골의 전원이 생각나다.

290. **scare** : (동) 깜짝 놀래주다, 위협하다, 겁내다 (명) 공황, 공포
 [skɛər] 스캐어
 스토리 연상 : 으르렁대는 수캐가 어린이를 겁나게 하다, 깜짝 놀라게 하다.

그림 구조화 연상 STUDY

동물원에서 동물들에게 주스를 먹이로 주고, 소에게 먹일 풀이 많아 충분히 꼬박 꼬박 풀을 먹이다. 벼가 익어 누럴 때는 시골의 전원이 생각나는데, 으르렁대는 수캐가 어린이를 겁나게 하다, 깜짝 놀라게 하다.

chapter 29  영어단어 뜻 확인 [test 281~290]

아래 영어단어를 읽고 구조화로 연상되는 단어의 뜻을 써 보세요.

영어단어	연상하여 뜻 쓰기
281. fit [fít]	
282. birthday [bə́ːrθdèi]	
283. bonanza [bənǽnzə]	
284. donkey [dáŋki]	
285. ascent [əsént]	
286. beard [bíərd]	
287. zoo [zuː]	
288. fully [fúlli]	
289. rural [rúərəl]	
290. scare [skɛər]	

♥ 위 열 개의 영어단어와 뜻을 소리 내어 한 번씩 빠르게 읽어 보세요.
♥ 단어암기 훈련 시 기록이 단축되도록 3차까지 소요시간을 꼭 기록하세요.

[1차 소요시간   초] [2차 소요시간   초] [3차 소요시간   초]

291 bite~293 engineer　　　영어단어 유음 및 구조화 연상 [1]

[바위 틈 옆, 나사 결합, 자동차 정비소의 장]

291. **bite** : (동) 물다, 물어뜯다 (명) 물기, 한 입
    [bait] 바이트
    스토리 연상 : 호랑이가 **바위 틈**에서 짐승을 **물다, 물어뜯다**.

292. **join** : (동) 결합하다, 참가하다, 연결되다
    [dʒɔin] 조인
    스토리 연상 : 나사를 돌려서 **쪼(조)이고, 조인** 것을 **결합하다**.

293. **engineer** : (명) 기술자, 기사
    [éndʒiníər] 엔지니어
    스토리 연상 : 정비소에서 고장 난 자동차의 **엔진**을 **이어**주는 사람은 **기술자**나 **기사**이다.

그림 구조화 연상
호랑이가 **바위 틈**에서 짐승을 **물다, 물어뜯다**. 그리고 나사를 돌려서 쪼이고, **조인** 것을 **결합하다**. 정비소에서 고장 난 자동차의 **엔진**을 **이어**주는 사람은 **기술자**나 **기사**이다.

294 neighbor ~ 296 dream

영어단어 유음 및 구조화 연상 [2]

[이웃집 앞에서, 캔디 주는 후보자, 꿈속의 장]

294. **neighbor** : (명) 이웃 (동) 이웃하다
    [néibər] 네이버
    스토리 연상 : 네이버 검색을 통해 이웃과 친해지다.

295. **candidate** : (명) 후보자, 지원자
    [kǽndidèit] 캔디데이트
    스토리 연상 : 캔디를 주고 데이트 하자는 후보자, 지원자도 있다.

296. **dream** : (명) 꿈 (동) 꿈을 꾸다, 꿈꾸다
    [dríːm] 드림
    스토리 연상 : 꿈속에서 할머니에게 용돈을 드림(드리는) 꿈을 꾸다.

그림 구조화 연상 STUDY

네이버 검색을 통해 이웃과 친해지자며, 캔디를 주고 데이트 하자는 후보자, 지원자도 있다. 꿈속에서 할머니에게 용돈을 드림 꿈을 꾸다.

297 lawn~300 charm 영어단어 유음 및 구조화 연상 [3]

[논에 잔디 심고, 언덕 아래, 풀 먹는 아이, 참외의 장]

297. lawn : (명) 잔디, 잔디밭
[lɔ:n] 론
스토리 연상 : 우리 집 논(론)에 잔디를 심었다.

298. regular : (형) 정기적인, 규칙적인
[régjulər] 레귤러
스토리 연상 : 정기적으로 언덕에서 내가 굴러(레귤러) 일부러 내려오곤 한다.

299. fool : (명) 바보, 멍청이 (동) 익살떨다
[fu:l] 풀
스토리 연상 : 풀 뜯어 먹는 바보, 멍청이가 있다.

300. charm : (명) 매력, 마력 (동) 매혹하다
[tʃa:rm] 참
스토리 연상 : 아가씨가 참외 먹는 모습이 참으로 매력 있어서 매혹하다.

그림 구조화 연상

우리 집 논에 잔디를 심었으며, 정기적으로 언덕에서 내가 일부러 굴러 내려오곤 하는데, 풀 뜯어 먹는 바보, 멍청이가 있다. 아가씨가 참외 먹는 모습이 참으로 매력 있어서 매혹하다.

chapter 30  영어단어 뜻 확인 [test 291~300]

아래 영어단어를 읽고 구조화로 연상되는 단어의 뜻을 써 보세요.

영어단어	연상하여 뜻 쓰기
291. bite [bait]	
292. join [dʒɔin]	
293. engineer [éndʒiníər]	
294. neighbor [néibər]	
295. candidate [kǽndidèit]	
296. dream [drí:m]	
297. lawn [lɔ:n]	
298. regular [régjulər]	
299. fool [fu:l]	
300. charm [tʃa:rm]	

♥ 위 열 개의 영어단어와 뜻을 소리 내어 한 번씩 빠르게 읽어 보세요.
♥ 단어암기 훈련 시 기록이 단축되도록 3차까지 소요시간을 꼭 기록하세요.

[1차 소요시간   초]   [2차 소요시간   초]   [3차 소요시간   초]

301 cause~303 heaven   **영어단어 유음 및 구조화 연상 [1]**

[얼굴에 거즈 감고, 블라인드 앞, 해의 장]

301. **cause** : (명) 원인, 이유, 주의 (동) ~의 원인이 되다
 [kɔːz] 커즈
 스토리 연상 : 얼굴을 거즈로 칭칭 감은 이유가 있다.

302. **blind** : (형) 눈먼 (동) 눈멀게 하다 (명) 블라인드 (부) 맹목적으로
 [blaind] 블라인드
 스토리 연상 : 창문 블라인드에 눈을 다쳐 눈먼 장님이 되다.

303. **heaven** : (명) 하늘, 천국
 [hévən] 헤븐
 스토리 연상 : 해가 분을 바르며 있는 곳이 하늘, 천국이다.

그림 구조화 연상

내 얼굴을 거즈로 칭칭 감은 이유가 있는데 창문 블라인드에 눈을 다쳐 눈먼 장님이 되서 해가 분을 바르며 있는 곳이 하늘, 천국이다.

304 oral~306 order　　　영어단어 유음 및 구조화 연상 [2]

[오럴B로 입 닦고, 귀 막고 주문, 명령의 장]

304. **oral** : (형) 구두의, 구술의, 입의
　　　[ɔ́ːrəl] 오럴
　　　스토리 연상 : 오늘 널(너를), 오럴B 칫솔로 입의 안을 깨끗이 닦다.

305. **deaf** : (형) 귀가 먼, 귀머거리의
　　　[def] 뎁
　　　스토리 연상 : 테이프로 귀를 막으니 귀가 먼, 귀머거리의 신세가 되다.

306. **order** : (명) 주문, 순서, 차례 (동) 주문하다, 명령하다
　　　[ɔ́ːrdər] 오더
　　　스토리 연상 : 식당에서 주문받으러 오라고 명령하니 종업원이 오더라!

그림 구조화 연상

오늘 널, 오럴B 칫솔로 입의 안을 깨끗이 닦고 나서 테이프로 귀를 막으니 귀가 먼 상태에서, 식당에서 주문받으러 오라고 명령하니 종업원이 오더라!

| 307 cover~310 ahead | 영어단어 유음 및 구조화 연상 [3] |

[콩나물 시루, 금고, 모자, 영화관의 장]

307. **cover** : (동) 덮다, 포함하다 (명) 덮개, 표지
   [kʌvər] 커버
   스토리 연상 : 콩나물이 쑥쑥 커버려서 보자기로 덮다, 싸다.

308. **quit** : (동) 그만두다, 중지하다, 떠나다
   [kwít] 퀴트
   스토리 연상 : 어제 남몰래 금고를 키(퀴)로 트는 것을 그만두다, 중지하다.

309. **hat** : (명) (테가 있는) 모자
   [hǽt] 해트
   스토리 연상 : 낮에 해가 트이면 얼굴을 가려주는 테 있는 모자를 쓰다.

310. **ahead** : (부) 앞쪽에, 앞에, 앞으로, 빠르게, 앞당겨
   [əhéd] 어헤드   참고 head : 머리, 머릿수
   스토리 연상 : 영화관에서 앞쪽에 있는 사람 어! 헤드(머리)에 화면이 가려지다.

그림 구조화 연상 STUDY

콩나물이 쑥쑥 커버려서 보자기로 덮다, 싸다. 그리고 이제 남몰래 금고를 키로 트는 것을 그만두다, 중지하다. 낮에 해가 트이면 얼굴을 가려주는 테 있는 모자를 쓰고, 영화관에서 앞쪽에 있는 사람, 어! 헤드에 화면이 가려지다.

chapter 31  영어단어 뜻 확인 [test 301~310]

아래 영어단어를 읽고 구조화로 연상되는 단어의 뜻을 써 보세요.

영어단어	연상하여 뜻 쓰기
301. cause [kɔːz]	
302. blind [blaind]	
303. heaven [hévən]	
304. oral [ɔ́ːrəl]	
305. deaf [def]	
306. order [ɔ́ːrdər]	
307. cover [kʌ́vər]	
308. quit [kwít]	
309. hat [hæt]	
310. ahead [əhéd]	

♥ 위 열 개의 영어단어와 뜻을 소리 내어 한 번씩 빠르게 읽어 보세요.
♥ 단어암기 훈련 시 기록이 단축되도록 3차까지 소요시간을 꼭 기록하세요.

[1차 소요시간   초] [2차 소요시간   초] [3차 소요시간   초]

| 311 enjoy~313 certain | 영어단어 유음 및 구조화 연상 [1] |

[게임기 앞, 자동차 속 만화책, 서툰 그림의 장]

311. **enjoy** : (동) 즐기다, 갖고 있다
[indʒɔ́i] 엔조이
스토리 연상 : 게임기를 형이 하게 이젠 **인줘**(이리줘)하며 빼앗아 **즐기다**.

312. **cartoon** : (명) 만화
[kɑːrtúːn] 카툰
스토리 연상 : **카**(자동차) 속에 몰래 감추어 **둔** 만화책이 있다.

313. **certain** : (형) 확실한
[sə́ːrtn] 서튼
스토리 연상 : 이 그림을 보면서 **서툰** 그림이 **확실한** 것 같다.

그림 구조화 연상

게임기를 형이 하게 **인줘**(이리줘) 하며 빼앗아 **즐기고** 있으며, **카** 속에 감추어 **둔** 만화가 있으니, 이 그림을 보면서 **서툰** 그림이 **확실한** 것 같다.

314 summit~316 daily 영어단어 유음 및 구조화 연상 [2]

[산 밑에, 푸른 물 아래, 아이의 장]

314. summit : (명) 정상
[sʌmit] 서미트
스토리 연상 : 산 정상에 오르기 위해 지금 서 있는 밑에서부터 출발하다.

315. blue : (형) 푸른, 창백한 (명) 파란, 청색
[bluː] 블루
스토리 연상 : 파란, 푸른색의 바닷물로 불을 끄다.

316. daily : (형) 매일의 (부) 매일 (명) 일간신문
[déili] 데일리
스토리 연상 : 요즘은 뜨거운 물에 매일 손 데일리는 없다.

그림 구조화 연상 STUDY

산 정상에 오르기 위해 지금 서 있는 밑에 서부터 출발하고, 파란, 푸른색의 바닷물로 불을 끄고, 요즘은 뜨거운 물에 매일 손 데일리는 없다.

317 haunt~320 hut 　　　영어단어 유음 및 구조화 연상 [3]

[헌 트럭 아래, 수도 물, 새벽, 오두막집의 장]

317. **haunt** : (동) 자주가다, ~에 출몰하다
 [hɔːnt] 헌트
 스토리 연상 : 헌 트럭을 타고 유령이 출몰하는 곳에 자주가다.

318. **soothe** : (동) 달래다, 어르다, 위로하다, 진정시키다
 [suːð] 수더
 스토리 연상 : 수도의 물을 마시게 하여 수도 없이 달래다, 진정시키다.

319. **dawn** : (명) 새벽 (동) 날이 새다, 밝아지다, 나타나기 시작하다
 [dɔːn] 돈
 스토리 연상 : 돈을 벌기 위해 새벽에 일어나다.

320. **hut** : (명) 오두막, 막사, 산장
 [hʌt] 헛
 스토리 연상 : 헛간 같은 오두막집에서 생활하다.

그림 구조화 연상 STUDY

헌 트럭을 타고 유령이 출몰하는 곳에 자주가다. 그리고 수도의 물을 마시게 하여 달래다, 진정시키다. 또한 돈을 벌기 위해 새벽에 일어나, 헛간 같은 오두막집을 나오다.

chapter 32 영어단어 뜻 확인 [test 311~320]

아래 영어단어를 읽고 구조화로 연상되는 단어의 뜻을 써 보세요.

영어단어	연상하여 뜻 쓰기
311. enjoy [indʒɔ́i]	
312. cartoon [kɑːrtúːn]	
313. certain [sə́ːrtn]	
314. summit [sʌmit]	
315. blue [bluː]	
316. daily [déili]	
317. haunt [hɔːnt]	
318. soothe [suːð]	
319. dawn [dɔːn]	
320. hut [hʌt]	

♥ 위 열 개의 영어단어와 뜻을 소리 내어 한 번씩 빠르게 읽어 보세요.
♥ 단어암기 훈련 시 기록이 단축되도록 3차까지 소요시간을 꼭 기록하세요.

[1차 소요시간   초]   [2차 소요시간   초]   [3차 소요시간   초]

321 blossom~323 cinema

영어단어 유음 및 구조화 연상 [1]

[불난 섬 꽃, 매니저, 씨 네 말의 장]

321. **blossom** : (명) 꽃 (동) 꽃 피다
     [blásəm] 블라섬
     스토리 연상 : 작년에 불난 섬에 다시 꽃, 꽃이 피다.

322. **manage** : (동) 이럭저럭 해내다, 관리하다, 경영하다
     [mǽnidʒ] 매니지   참고 manager : 지배인, 경영자
     스토리 연상 : 관리 해줄 돈이 여기저기 맨 이지 뭐! 그거 다 내가 관리하다.

323. **cinema** : (명) 영화
     [sínəmə] 시네마
     스토리 연상 : 돈 대신 씨(씨앗) 네 말을 주고, 영화관에서 영화보다.

그림 구조화 연상 STUDY

작년에 불난 섬에서 다시 꽃이 피니, 관리 해줄 돈이 여기저기 맨 이지 뭐! 그거 다 내가 관리하다. 그리고 씨 네 말을 주고, 영화를 보다.

324 careful~326 muggy　　　영어단어 유음 및 구조화 연상 [2]

[풀케고, 땅 파는 농장에, 무더운 날씨의 장]

324. careful : (형) 조심성 있는, 꼼꼼한, 주의 깊게
　　[kέərfəl] 케어풀
　　스토리 연상 : 호미로 풀을 캘 때 작물이 상하지 않게 **캐어 풀**을 **주의 깊게** 캐어라.

325. farm : (명) 농장, 사육장 (동) 경작하다
　　[faːrm] 팜
　　스토리 연상 : **농장**을 하기 위해서는 삽으로 땅을 **팜**, 그 위에 **경작하다**.

326. muggy : (형) 무더운, 몹시, 찌는 듯한
　　[mʌgi] 머기
　　스토리 연상 : 오늘 날씨는 **목이** 탈 정도로 **무더운** 날이다.

그림 구조화 연상　STUDY

호미로 풀을 캘 때 작물이 상하지 않게 **캐어 풀**을 **주의 깊게** 캐고, **농장**을 하기 위해서는 삽으로 땅을 **팜**, 그 위에 **경작하다**. 오늘 날씨는 **목이** 탈 정도로 **무더운** 날이다.

327 son~330 direction 영어단어 유음 및 구조화 연상 [3]

[아들이 썬글라스 쓰고, 베이스 아래, 촬영, 감독의 장]

327. son : (명) 아들, 자식
[sʌn] 썬
스토리 연상 : 야구장에서 아들, 자식들이 썬글라스를 쓴 채로 구경하다.

328. base : (명) 토대, 기지, 기초
[beis] 베이스
스토리 연상 : 야구선수가 1루 베이스를 밟아 기초, 토대를 세우다.

329. scene : (명) 장면, 무대
[síːn] 신
스토리 연상 : 영화촬영 현장에서 신발을 던지며, 신~나는 장면을 찍는다.

330. direction : (명) 방향, 지도
[dirékʃən] 디렉션
스토리 연상 : 야구감독이 뒤에서 내 손으로 지도, 지휘하다.

그림 구조화 연상 STUDY

야구장에서 아들, 자식들이 썬글라스를 쓴 채로 구경하는데, 야구선수가 1루 베이스를 밟아 기초, 토대를 세우고, 영화촬영 현장에서 신발을 던지며, 신~나는 장면을 찍는다. 그리고 감독은 뒤에서 내 손으로 지도, 지휘하다.

chapter 33  영어단어 뜻 확인 [test 321~330]

아래 영어단어를 읽고 구조화로 연상되는 단어의 뜻을 써 보세요.

영어단어	연상하여 뜻 쓰기
321. blossom [blásəm]	
322. manage [mǽnidʒ]	
323. cinema [sínəmə]	
324. careful [kɛ́ərfəl]	
325. farm [fɑːrm]	
326. muggy [mʌgi]	
327. son [sʌn]	
328. base [beis]	
329. scene [síːn]	
330. direction [dirékʃən]	

♥ 위 열 개의 영어단어와 뜻을 소리 내어 한 번씩 빠르게 읽어 보세요.
♥ 단어암기 훈련 시 기록이 단축되도록 3차까지 소요시간을 꼭 기록하세요.

[1차 소요시간   초]   [2차 소요시간   초]   [3차 소요시간   초]

331 fat~333 thin 영어단어 유음 및 구조화 연상 [1]

[페트병 아래, 점심 먹고, 날씬한 여인의 장]

331. fat : (형) 살찐, 지방이 많은 (명) 지방
[fæt] 패트 　참고 pat : 톡톡 가볍게 치다
스토리 연상 : 살찐, 지방이 많은 부위를 페트병으로 두드려 패다.

332. lunch : (명) 점심
[lʌntʃ] 런치
스토리 연상 : 친구가 말하기를 넌! 치사하게 혼자 점심 먹니?

333. thin : (형) 날씬한, 여윈, 엷은
[θín] 씬
스토리 연상 : 이젠 살을 빼 날씬한 여인이 되어 씬(신)~이 난다.

그림 구조화 연상 STUDY

살찐 부위를 페트병으로 두드리며, 친구가 말하기를 넌! 치사하게 혼자 점심 먹냐고 해서, 나는 이젠 살을 빼 날씬한 사람이 되어 씬~이 난다고 했다.

334 protest~336 send | 영어단어 유음 및 구조화 연상 [2]

[프로선수 뒤에, 자전거 페달을 밟고 있는, 샌드위치의 장]

334. protest : (동) 항의하다, 주장하다 (명) 항의
[próutest] 프로테스트
스토리 연상 : 허락 없이 **프로** 권투선수를 **테스트**하여 **항의하다**.

335. backpedal : (동) (의견, 약속 등을) 철회하다, 행동을 취소하다
[bǽkpèdl] 백페덜
스토리 연상 : 자전거를 타고 **백**번 **페달**을 거꾸로 밟으니 모든 안건을 **철회하다**.

336. send : (동) 보내다, 부치다, 사람을 보내다
[send] 센드
스토리 연상 : 편지 보낼 것이 있어서 **샌드**위치 속에 넣어서 **보내다**.

그림 구조화 연상 STUDY

허락 없이 **프로** 권투선수를 **테스트**하여 **항의하다**. 그리고 자전거를 타고 **백**번 **페달**을 거꾸로 밟으니 모든 안건을 **철회하다**. 편지 보낼 것이 있어 **샌드**위치 속에 넣어 **보내다**.

337 dozen~340 guest   영어단어 유음 및 구조화 연상 [3]

[연필 한 다스, 옆에서 청소하고, 방바닥, 손님의 장]

337. dozen : (명) 1다스 (형) 1다스의
[dʌzn] 더즌
스토리 연상 : 문구점에서 연필을 1다스 사면 2개 더 준다.

338. sweep : (동) 청소하다, 쓸어내리다, 엄습하다 (명) 청소
[swíːp] 스위프
스토리 연상 : 우리 집은 수입한 프라스틱 비로 청소하다.

339. floor : (명) 방바닥, 마루, 층
[flɔːr] 플로어
스토리 연상 : 봇짐을 방바닥, 마루에 풀러~어 놓는다.

340. guest : (명) 손님
[gest] 게스트
스토리 연상 : 손님이 오셨으니 거실에 가스보일러 깨스(가스) 트라고 말한다.

그림 구조화 연상

문구점에서 연필을 1다스 사면 2개 더 준다더라! 그리고 우리 집은 수입한 프라스틱 비로 청소하다. 봇짐을 방바닥, 마루에 풀러~어 놓으면서, 손님이 오셨으니 거실에 가스보일러 깨스 트라고 말한다.

chapter 34  영어단어 뜻 확인 [test 331~340]

아래 영어단어를 읽고 구조화로 연상되는 단어의 뜻을 써 보세요.

영어단어	연상하여 뜻 쓰기
331. fat [fæt]	
332. lunch [lʌntʃ]	
333. thin [θín]	
334. protest [próutest]	
335. backpedal [bǽkpèdl]	
336. send [send]	
337. dozen [dʌzn]	
338. sweep [swíːp]	
339. floor [flɔːr]	
340. guest [gest]	

♥ 위 열 개의 영어단어와 뜻을 소리 내어 한 번씩 빠르게 읽어 보세요.
♥ 단어암기 훈련 시 기록이 단축되도록 3차까지 소요시간을 꼭 기록하세요.

[1차 소요시간   초]   [2차 소요시간   초]   [3차 소요시간   초]

341 angel~343 finish   영어단어 유음 및 구조화 연상 [1]

[애인에게 절하고, 돈 많은 프로 선수 앞에, 편히 쉬자의 장]

341. **angel** : (명) 천사

    [éindʒəl] 엔젤

    스토리 연상 : 애인에게 절하는 천사 같은 사람이 있다.

342. **enough** : (형) 충분한, 필요한 만큼 (명) 충분, 많음

    [inʌf] 이너프

    스토리 연상 : 이젠 너 프로선수이니 충분한, 필요한 만큼 용돈을 가져라!

343. **finish** : (동) 끝내다, 끝손질하다

    [fíniʃ] 피니쉬

    스토리 연상 : 오늘 일을 끝내다. 그럼 지금부터 편히 쉬자!

그림 구조화 연상 STUDY

애인에게 절하는 천사 같은 사람이 있으며, 이젠 너 프로선수이니 충분한, 필요한 만큼 용돈을 가지고, 오늘 일을 끝내다. 그럼 지금부터 편히 쉬자!

344 dirty~346 grasp 영어단어 유음 및 구조화 연상 [2]

[더러운 옷, 센서가 달린 TV 옆, 숲의 장]

344. **dirty** : (형) 더러운 (동) 더럽히다
 [dá:rti] 덜티
 스토리 연상 : 너의 옷에 묻은 더러운 것을 닦으니 덜~티 난다.

345. **sensitive** : (형) 민감한
 [sénsətiv] 센시티브
 스토리 연상 : 센서가 달린 티브이는 매우 민감한 TV이다.

346. **grasp** : (동) 붙잡다, 움켜잡다, 붙잡으려 하다
 [græsp] 그래스프
 스토리 연상 : 숲으로 도망가는 그 개를 그래, 숲에서 꽉 붙잡다.

그림 구조화 연상 STUDY

너의 옷에 묻은 더러운 것을 닦으니 덜~티 난다. 센서가 달린 티브이는 민감한 TV이고, 숲으로 도망가는 그 개를 그래, 숲에서 꽉 붙잡다.

347 cage~350 part | 영어단어 유음 및 구조화 연상 [3]

[새장에 개 있고, 새장 밑에 고기, 아이에게 허락, 빵 속에 팥의 장]

347. cage : (명) 새장, 우리
[keidʒ] 케이지
스토리 연상 : 새장이나 우리 안에 캐(개) 있지?

348. meat : (명) 고기, 식육
[míːt] 미트
스토리 연상 : 새장 밑으로 고기를 감추다.

349. admit : (동) 허락하다, 인정하다
[ædmít] 에드밋
스토리 연상 : 고기가 어디어디 밑에 있으니 먹으라고 허락하다.

350. part : (명) 일부, 부분
[paːrt] 파트   참고 **partner** : 동료, 상대
스토리 연상 : 빵 속의 팥을 넣어 파트너가 각자 일부, 부분씩 만들었다.

그림 구조화 연상

새장이나 우리 안에 캐 있지? 새장 밑으로 고기를 감추다. 그리고 고기가 어디 밑에 있으니 먹으라고 허락하다. 또한 빵 속의 팥을 넣어 파트너가 각자 일부, 부분씩 만들었다.

chapter 35　영어단어 뜻 확인 [test 341~350]

아래 영어단어를 읽고 구조화로 연상되는 단어의 뜻을 써 보세요.

영어단어	연상하여 뜻 쓰기
341. angel [éindʒəl]	
342. enough [inʌf]	
343. finish [fíniʃ]	
344. dirty [dəˊːrti]	
345. sensitive [sénsətiv]	
346. grasp [græsp]	
347. cage [keidʒ]	
348. meat [míːt]	
349. admit [ædmít]	
350. part [paːrt]	

♥ 위 열 개의 영어단어와 뜻을 소리 내어 한 번씩 빠르게 읽어 보세요.
♥ 단어암기 훈련 시 기록이 단축되도록 3차까지 소요시간을 꼭 기록하세요.

[1차 소요시간　　초]　[2차 소요시간　　초]　[3차 소요시간　　초]

351 scholar~353 feudal — 영어단어 유음 및 구조화 연상 [1]

[학자 옆, 교수의 혁대, 떨고 있는 학생의 장]

351. scholar : (명) 학자, 인문학자, 고전학자
[skάlər] 스콜라
스토리 연상 : 학생이 학자에게 슥~ 콜라 한 병을 갖다 주었다.

352. professor : (명) 교수
[prəfésər] 프로페서
스토리 연상 : 교수가 학생에게 화가 나서 혁대를 풀어 패써(팼어)!

353. feudal : (형) 영지의, 봉건제도의
[fjúːdl] 퓨덜
스토리 연상 : 학생이 후덜후덜 떨고 있는 모습을 보니 봉건제도와 비슷하다는 생각이 들다.

그림 구조화 연상 STUDY

학생이 학자에게 슥~ 콜라 한 병을 주니, 갑자기 교수가 화가 나서 혁대를 풀어 패써! 그래서 학생이 후덜후덜 떨고 있는 모습을 보니 봉건제도와 비슷하다는 생각이 들다.

354 chasm~356 citizen — 영어단어 유음 및 구조화 연상 [2]

[건물이 깨지고, 노부부가 신경과 옆에, 시민 전화의 장]

354. chasm : (명) 크게 갈라진 틈, 넓은 틈, 금, 균열
[kǽzm] 캐즘
스토리 연상 : 건물에 벽돌이 **깨짐**으로 금, 균열이 생기다.

355. nerve : (명) 신경, 용기, 신경과민
[nə:rv] 너브
스토리 연상 : **노부**부가 **신경과민** 때문에 **용기**를 내서 **신경**정신과에 가서 치료를 받다.

356. citizen : (명) 시민
[sítəzən] 시터전
스토리 연상 : **시민**들이 **시**내에서 **티** 입고 **전**화를 걸다.

그림 구조화 연상 STUDY

건물에 벽돌이 **깨짐**으로 금, 균열이 생기니, **노부**부는 **신경과민** 때문에 **용기**를 내서 **신경**정신과에 가서 치료를 받다. 그리고 **시민**들이 **시**내에서 **티** 입고 **전**화를 걸다.

| 357 gun~350 bail | 영어단어 유음 및 구조화 연상 [3] |

[무법자 총, 총알이 있는 트럭, 숲에 서리, 보석금의 장]

357. **gun** : (명) 총, 대포
　　[gʌn] 건
　　스토리 연상 : 무법자가 어깨에 **건**, 총을 잡고 **대포** 위에 서 있다.

358. **bullet** : (명) 총알
　　[búlit] 블릿
　　스토리 연상 : 총에서 **총알**만 **분리**하여 **트럭**에 싣다.

359. **especially** : (부) 특히, 유달리, 유별나게, 특별히
　　[ispéʃli, es-] 이스페셜리
　　스토리 연상 : **이 숲에 서리**가 내린 것은 **특이**하니 **특별히** 관찰하라.

360. **bail** : (명) 보석, 보석금
　　[beil] 베일
　　스토리 연상 : 보자기 속 **베일**에 쌓인 **보석금**을 주고 풀려나다.

그림 구조화 연상 STUDY

무법자가 어깨에 **건**, 총을 잡고 **대포** 위에 서 있으며, 총에서 **총알**만 **분리**하여 **트럭**에 싣고 있고, **이 숲에 서리**가 내린 것은 **특이**하니 **특별히** 관찰하고 나서, 보자기 속 **베일**에 쌓인 **보석금**을 주고 풀려나다.

chapter 36  영어단어 뜻 확인 [test 351~360]

아래 영어단어를 읽고 구조화로 연상되는 단어의 뜻을 써 보세요.

영어단어	연상하여 뜻 쓰기
351. scholar [skálər]	
352. professor [prəfésər]	
353. feudal [fjúːdl]	
354. chasm [kǽzm]	
355. nerve [nəːrv]	
356. citizen [sítəzən]	
357. gun [gʌn]	
358. bullet [búlit]	
359. especially [ispéʃəli, es-]	
360. bail [beil]	

♥ 위 열 개의 영어단어와 뜻을 소리 내어 한 번씩 빠르게 읽어 보세요.
♥ 단어암기 훈련 시 기록이 단축되도록 3차까지 소요시간을 꼭 기록하세요.

[1차 소요시간   초]   [2차 소요시간   초]   [3차 소요시간   초]

361 wet~363 blow   영어단어 유음 및 구조화 연상 [1]

[비에 젖은 외투, 배 보이는 아이 앞에, 도사의 장]

361. wet : (형) 젖은, 비가 내리는 (동) 적시다
[wet] 웨트
스토리 연상 : 갑자기 비가 내리는 동안 외투가 젖은 것이다.

362. bad : (형) 나쁜, 불량한, 썩은, 부적당한
[bæd] 배드
스토리 연상 : 옷을 들어 올려 배 들어내는 것은 나쁜 짓이다.

363. blow : (동) 불다, 바람에 날리다, 입김을 내뿜다
[blou] 블로우
스토리 연상 : 도사가 바람을 한 번 불러오우 하니! 진짜 바람이 불다.

그림 구조화 연상 STUDY

갑자기 비가 내리는 동안 외투가 젖은 것이며, 옷을 들어 올려 배 들어내는 것은 나쁜 짓이고, 도사가 바람을 한 번 불러오우 하니! 진짜 바람이 불다.

364 asset ~ 366 shine　　영어단어 유음 및 구조화 연상 [2]

[애 셋, 배의 리본, 번쩍이게 사인하는 사람의 장]

364. **asset** : (명) 자산, 재산
　　[ǽset] 에셋
　　스토리 연상 : 우리 집에 **애 셋**이 나의 전 **재산**이다.

365. **very** : (부) 매우, 대단히
　　[véri] 베리
　　스토리 연상 : 타는 **배**에 **리본**을 다니 **매우** 좋다. **베리** 굿이다.

366. **shine** : (동) 빛나다, 번쩍이다
　　[ʃain] 샤인
　　스토리 연상 : 유명한 사람이 **사인**을 하니 사인이 **번쩍이다**, **빛나**.

그림 구조화 연상　STUDY

우리 집에 **애 셋**이 나의 전 **재산**이며, **배**에 **리본**을 다니 **매우** 좋다, **베리** 굿이다. 그리고 유명한 사람이 **사인**을 하니 사인이 **번쩍이다**, **빛나**.

367 dear~370 everyone 영어단어 유음 및 구조화 연상 [3]

[친애하는 사람이 불에 데어, 불러드린 간호사, 밴드, 새 부리의 장]

367. **dear** : (형) 귀여운, 친애하는
 [díər] 디어
 스토리 연상 : 평소 귀여운, 친애하는 분이 불에 디어(데어) 아프다 한다.

368. **blood** : (명) 피, 혈기, 혈액
 [blʌd] 블러드
 스토리 연상 : 간호사가 피나는 아이를 불러드린다(들인다).

369. **bend** : (명) 구부리다, 무릎을 꿇다, 돌리다, 굽히다
 [bend] 밴드
 스토리 연상 : 다리에 일회용 밴드를 붙이기 위해 허리를 구부리다.

370. **everyone** : (명) 누구든지
 [évriwʌn] 에브리원
 스토리 연상 : 애 부리(부리같이 생긴 애의 입)를 원하면 누구든지 뽀뽀할 수 있다.

그림 구조화 연상

평소 귀여운, 친애하는 분이 불에 디어 아프다 하면, 간호사가 피나는 아이를 불러드리고, 다리에 밴드를 붙이기 위해 허리를 구부리다. 그리고 애 부리(부리같이 생긴 애의 입)를 원하면 누구든지 뽀뽀할 수 있다.

chapter 37  영어단어 뜻 확인 [test 361~370]

아래 영어단어를 읽고 구조화로 연상되는 단어의 뜻을 써 보세요.

영어단어	연상하여 뜻 쓰기
361. wet [wet]	
362. bad [bæd]	
363. blow [blou]	
364. asset [ǽset]	
365. very [véri]	
366. shine [ʃain]	
367. dear [díər]	
368. blood [blʌd]	
369. bend [bend]	
370. everyone [évriwʌn]	

♥ 위 열 개의 영어단어와 뜻을 소리 내어 한 번씩 빠르게 읽어 보세요.
♥ 단어암기 훈련 시 기록이 단축되도록 3차까지 소요시간을 꼭 기록하세요.

[1차 소요시간   초] [2차 소요시간   초] [3차 소요시간   초]

371 adjourn~373 alike   영어단어 유음 및 구조화 연상 [1]

[임금 어전 옆, 포 장사가 있고, 수박의 장]

371. **adjourn** : (동) 연기하다, 휴회하다
    [ədʒə́ːrn] 어전
    스토리 연상 : 임금님의 어전에서 오늘 오전회의를 연기하다.

372. **perceive** : (동) 지각하다, 감지하다, 알아차리다, 이해하다
    [pərsíːv] 퍼시브
    스토리 연상 : 눈감고 포 씹어보고, 오징어포인지 쥐포인지 알아차리다.

373. **alike** : (형) 마찬가지로, 서로 같은, 동등하게
    [əláik] 얼라익
    스토리 연상 : 얼라(어린아이)가 익은 수박을 친구와 동등하게 나누어 먹는다.

그림 구조화 연상 STUDY

임금님의 어전에서 오늘 오전회의를 연기하다. 그리고 눈감고 포 씹어보고, 오징어포인지 쥐포인지 알아차리다. 얼라가 익은 수박을 친구와 동등하게 나누어 먹는다.

374 tool~376 memory | 영어단어 유음 및 구조화 연상 [2]

[연장으로 일하는 옆에, 타원형 들고 벌서고, 매 머리의 장]

374. tool : (명) 연장, 도구, 공구, 수단, 방편
[túːl] 툴
스토리 연상 : **툴**툴 소리를 내며 땅을 뚫는 **연장**, **공구**가 있다.

375. oval : (명) 타원형, 달걀모양 (형) 타원형의
[óuvəl] 오벌
스토리 연상 : **타원형**의 링을 들고 **오 벌**을 서다(**5**명이 **벌**을 서다).

376. memory : (명) 기억, 기억력, 추억
[méməri] 메모리
스토리 연상 : 나는 **매**(새) **머리**만 생각하면 **기억력**이 좋아진다.

그림 구조화 연상

툴툴 소리를 내며 땅을 뚫는 **연장**, **공구**가 있으며, **타원형**의 링을 들고 **오**명이 **벌**을 서면서도, 나는 **매**의 **머리**만 생각하면 **기억력**이 좋아진다.

377 feed~380 surprise　　영어단어 유음 및 구조화 연상 [3]

[피어있는 꽃밭에, 땀 흘리고, 국 요리, 놀람의 장]

377. feed : (동) 먹이를 주다, 젖을 주다, 부양하다
[fíːd] 피드
스토리 연상 : 곤충에게 먹이를 주기 위해 꽃이 **피드**라! 꽃이 나비에게 **먹이를 주다**.

378. according : (접) ~을 따라서
[əkɔ́ːrdiŋ] 어코딩
스토리 연상 : 음식을 먹는데 이마의 땀이 **어! 콧등을 따라서** 떨어지다.

379. cook : (명) 요리사 (동) 요리하다
[kúk] 쿡
스토리 연상 : 요리사는 **국**을 잘 끓여야 한다.

380. surprise : (동) 놀라게 하다 (명) 놀람
[sərpráiz] 서프라이즈
스토리 연상 : 나도 이제는 깜짝 놀라게 **썰~풀 나이지**! **놀람**!

그림 구조화 연상　STUDY

곤충에게 먹이를 주기 위해 꽃이 **피드**라! 꽃이 나비에게 **먹이를 주다**. 그리고 음식을 먹는데 이마의 땀이 **어! 콧등을 따라서** 떨어지다. 요리사는 **국**을 잘 끓여야 한다며, 나도 이제는 깜짝 놀라게 **썰~풀 나이지**! **놀람**!

chapter 38  영어단어 뜻 확인 [test 371~380]

아래 영어단어를 읽고 구조화로 연상되는 단어의 뜻을 써 보세요.

영어단어	연상하여 뜻 쓰기
371. adjourn [ədʒə́ːrn]	
372. perceive [pərsíːv]	
373. alike [əláik]	
374. tool [tuːl]	
375. oval [óuvəl]	
376. memory [méməri]	
377. feed [fíːd]	
378. according [əkɔ́ːrdiŋ]	
379. cook [kuk]	
380. surprise [sərpráiz]	

♥ 위 열 개의 영어단어와 뜻을 소리 내어 한 번씩 빠르게 읽어 보세요.
♥ 단어암기 훈련 시 기록이 단축되도록 3차까지 소요시간을 꼭 기록하세요.

[1차 소요시간   초]   [2차 소요시간   초]   [3차 소요시간   초]

381 breathe~383 apply 영어단어 유음 및 구조화 연상 [1]

[새 부리가 있고, 노을 구경을 하는, 등에 업힌 아이의 장]

381. breathe : (동) 숨 쉬다, 호흡하다, 들이쉬다

[briːð] 브리드

스토리 연상 : 새들은 부리에 숨구멍이 있어 부리도 숨 쉬다.

382. role : (명) 배역, 역할, 구실, 임무

[roul] 로울

스토리 연상 : 배우가 노을 구경하는 배역은 놀~고 먹는 역할이다.

383. apply : (동) 쓰다, 사용하다, 적용하다, 충당하다

[əplái] 어플라이

스토리 연상 : 아기가 엄마 등에 업힐 나이니까 등을 사용하다, 쓰다.

그림 구조화 연상

새들은 부리에 숨구멍이 있어 부리도 숨 쉬다. 그리고 배우가 노을 구경하는 배역은 놀~고 먹는 역할이며, 아기가 엄마 등에 업힐 나이니까 등을 사용하다, 쓰다.

384 different~386 sweat　　　영어단어 유음 및 구조화 연상 [2]

[뒤가 파란 의상, 목욕을 하고, 스웨터 입고 땀의 장]

384. **different** : (형) 딴, 다른, 상이한
　　　[dífə rənt] 디퍼런트
　　　스토리 연상 : 이상하게도 너의 뒤가 퍼런듯하니 딴, 다른 사람 같다.

385. **hide** : (동) 감추다, 숨다
　　　[haid] 하이드
　　　스토리 연상 : 목욕탕에서 친구가 내 하의(下衣)도 감추다, 숨기다.

386. **sweat** : (명) 땀 (동) 땀 흘리다, 땀을 내다
　　　[swet] 스웨트
　　　스토리 연상 : 내 몸을 스웨터로 감싸니 더워서 땀을 흘리다.

그림 구조화 연상

이상하게도 너의 뒤가 퍼런듯하니 딴, 다른 사람 같으며, 목욕탕에서 친구가 내 하의(下衣)도 감추다, 숨기다. 그리고 내 몸을 스웨터로 감싸니 더워서 땀을 흘리다.

387 stone~390 bridge — 영어단어 유음 및 구조화 연상 [3]

[돌멩이가 떨어지고, 운전면허, 훈장, 쥐의 장]

387. **stone** : (명) 돌, 돌멩이, 석재
 [stoun] 스톤
 스토리 연상 : 하늘에서 수 톤이나 되는 돌, 돌멩이가 떨어진다.

388. **license** : (명) 면허증, 면허
 [láisəns] 라이센스   참고 sense : 감각, 의식
 스토리 연상 : 나는 나이는 들었어도 센스있게 운전 면허증을 따다.

389. **medal** : (명) 훈장, 상패
 [médl] 메달
 스토리 연상 : 훈장을 목에 메달다.

390. **bridge** : (명) 다리
 [brídʒ] 브리지
 스토리 연상 : 부리 모양의 쥐가 내 다리를 문다.

그림 구조화 연상 STUDY

하늘에서 수 톤이나 되는 돌, 돌멩이가 떨어지는데, 나는 나이는 들었어도 센스있게 운전 면허증을 따서, 훈장을 목에 메달다. 그리고 부리 모양의 쥐가 내 다리를 문다.

chapter 39  영어단어 뜻 확인 [test 381~390]

아래 영어단어를 읽고 구조화로 연상되는 단어의 뜻을 써 보세요.

영어단어	연상하여 뜻 쓰기
381. breathe [bríːð]	
382. role [roul]	
383. apply [əplái]	
384. different [dífərənt]	
385. hide [haid]	
386. sweat [swet]	
387. stone [stoun]	
388. license [láisəns]	
389. medal [médl]	
390. bridge [brídʒ]	

♥ 위 열 개의 영어단어와 뜻을 소리 내어 한 번씩 빠르게 읽어 보세요.
♥ 단어암기 훈련 시 기록이 단축되도록 3차까지 소요시간을 꼭 기록하세요.

[1차 소요시간   초] [2차 소요시간   초] [3차 소요시간   초]

391 exit ~ 393 attach 영어단어 유음 및 구조화 연상 [1]

[애가 출구로 나가고, 앰프가 있으며, 물건 상표의 장]

391. **exit** : (명) 출구, 나감
   [éɡzit, éksit] 에그짓
   스토리 연상 : 가게 물건을 손으로 눌러서 망가트린 **애가 그 짓**을 하고 몰래 **출구로 나갔다**.

392. **empty** : (형) 빈 (동) 비우다
   [émpti] 엠프티   **참고** amp : (속어) 전기 기타, (스테레오 등의) 앰프
   스토리 연상 : **앰프** 속에서 **티**를 꺼내니 속이 **빈** 앰프가 되다.

393. **attach** : (동) 달다, 붙이다, 첨부하다
   [ətǽtʃ] 어태치
   스토리 연상 : 앰프의 상표를 **어! 떼지** 말고 **붙이다**, 부착하다.

그림 구조화 연상 STUDY

가게 물건을 손으로 눌러서 망가트린 **애가 그 짓**을 하고 몰래 **출구로 나갔다**. **앰프** 속에서 **티**를 꺼내니 속이 **빈** 앰프가 되고, 앰프의 상표를 **어! 떼지** 말고 **붙이다**, 부착하다.

Part 2 구조화 연상 기억 217

394 blaze~396 tear　　　영어단어 유음 및 구조화 연상 [2]

[불꽃이 있고, 형제의 브라보, 물방울의 장]

394. blaze : (명) 불꽃, 섬광, 화염 (동) 타오르다
　　[bleiz] 블레이즈
　　스토리 연상 : 장작에 불꽃이 튀더니 불이 이제 확 타오르다.

395. brother : (명) 형제
　　[brʌðər] 브라더　　　참고 bravo : 잘한다, 좋다, 갈채하다
　　스토리 연상 : 형제끼리 잔을 부딪치며 브라보를 더 많이 한다.

396. tear : (명) 눈물, 물방울 (동) 눈물을 짓다
　　[tíər] 티어
　　스토리 연상 : 물방울이 튀어 눈에 들어가 눈물을 짓다.

그림 구조화 연상 STUDY

장작에 불꽃이 튀더니 불이 이제 확 타오르다. 그러니 형제끼리 잔을 부딪치며 브라보를 더 많이 하다가 물방울이 튀어 눈에 들어가 눈물을 짓다.

397 purpose~400 chief | 영어단어 유음 및 구조화 연상 [3]

[돌멩이와, 걸레, 할머니, 우두머리의 장]

397. purpose : (명) 목적, 취지
[pə́ːrpəs] 퍼포즈
스토리 연상 : 적을 이길 목적으로 돌멩이를 바가지로 퍼주는 포즈를 취하다.

398. calamitous : (형) 불행한, 비참한
[kəlǽmətəs] 컬레머터스
스토리 연상 : 내가 걸레 밑에 쏙 깔린 모습이 비참한 것 같다.

399. alimony : (명) 별거(이혼) 수당, 부양료
[ǽləmòuni] 엘러모니　　　참고 money : 돈, 화폐
스토리 연상 : 몰래 부양료 주는 것 일러! 머니 주는 것은 별거 수당이다.

400. chief : (형) 우두머리의, 주요한 (명) 장, 우두머리
[tʃíːf] 치프
스토리 연상 : 우두머리가 가짜 담배(빼빼로)를 무니 부하가 지프(지포)로 불을 붙여주다.

그림 구조화 연상 STUDY

적을 이길 목적으로 돌멩이를 바가지로 퍼주는 포즈를 취하며, 내가 걸레 밑에 쏙 깔린 모습이 비참한 것 같다. 몰래 부양료 주는 것 일러! 머니 주는 것은 별거 수당이다. 그리고 우두머리가 가짜 담배를 무니 부하가 지프로 불을 붙여주다.

chapter 40  영어단어 뜻 확인 [test 391~400]

아래 영어단어를 읽고 구조화로 연상되는 단어의 뜻을 써 보세요.

영어단어	연상하여 뜻 쓰기
391. exit [égzit, éksit]	
392. empty [émpti]	
393. attach [ətǽtʃ]	
394. blaze [bleiz]	
395. brother [brʌðər]	
396. tear [tíər]	
397. purpose [pə́ːrpəs]	
398. calamitous [kəlǽmətəs]	
399. alimony [ǽləmòuni]	
400. chief [tʃíːf]	

♥ 위 열 개의 영어단어와 뜻을 소리 내어 한 번씩 빠르게 읽어 보세요.
♥ 단어암기 훈련 시 기록이 단축되도록 3차까지 소요시간을 꼭 기록하세요.

[1차 소요시간   초] [2차 소요시간   초] [3차 소요시간   초]

| 401 neglect~403 have | 영어단어 유음 및 구조화 연상 [1] |

[걸레, 무덤 아래, 자동차 해부의 장]

401. neglect : (동) 무시하다, 등한시하다, 게을리하다
  [niglékt] 니글렉트
  스토리 연상 : 네가 깨끗이 빨아온 걸레인데 니 걸레 트집 잡으며 무시하다.

402. die : (동) 죽다
  [dai] 다이
  스토리 연상 : 조국을 위해 다 이기고, 다이(받침대) 위에서 죽다.

403. have : (동) 가지다, 소유하다
  [hǽv] 해브
  스토리 연상 : 자동차를 분해, 해부하여 필요한 부품을 가지다, 소유하다.

그림 구조화 연상

네가 깨끗이 빨아온 걸레인데 니 걸레 트집 잡으며 무시하다. 그리고 조국을 위해 다 이기고, 다이 위에서 죽다. 또한 자동차를 분해, 해부하여 필요한 부품을 가지다, 소유하다.

404 package~406 excuse 영어단어 유음 및 구조화 연상 [2]

[쓰러진 키 큰 쥐, 오리, 퀴즈의 장]

404. package : (명) 꾸러미, 소포, 작은 짐
[pǽkidʒ] 패키지
스토리 연상 : 갑자기 팩 쓰러진 키 큰 쥐를 꾸러미, 짐 속에 넣다.

405. original : (형) 최초의, 원시의 (명) 원형, 원본
[ərídʒənl] 오리지널
스토리 연상 : 세계 최초의 장면으로 오리가 쥐를 물고 날았다.

406. excuse : (동) 용서하다, 변명하다 (명) 변명
[ikskjuːz] 익스큐즈
스토리 연상 : 익숙한 퀴즈를 냈으니 실수를 용서하다.

그림 구조화 연상 STUDY

갑자기 팩 쓰러진 키 큰 쥐를 꾸러미, 짐 속에 넣고, 세계 최초의 장면으로 오리가 쥐를 물고 날았다. 너에게 익숙한 퀴즈를 냈으니 실수를 용서하다.

407 bright ~ 410 bullshit
영어단어 유음 및 구조화 연상 [3]

[부부, 아래 집, 스모선수, 시트에 불의 장]

407. **bright** : (형) 밝은, 선명한, 빛나는, 영리한
 [brait] 브라이트 참고 light : 빛, 발광체
 스토리 연상 : 부부가 라이트를 밝히니 밝은, 선명한 빛이 난다.

408. **bottom** : (명) 밑바닥, 기부, 기초
 [bátəm] 바텀
 스토리 연상 : 집의 기초를 잘못해서 밑바닥의 바닥에 틈이 생기다.

409. **smoke** : (명) 연기 (동) 연기를 내다, 담배를 피우다
 [smouk] 스모크 참고 스모 : 일본의 전통적인 씨름
 스토리 연상 : 일본의 스모선수가 가짜 담배 연기로 원을 그리다.

410. **bullshit** : (명) 허풍, 거짓말, 엉터리
 [bulʃit] 블싯
 스토리 연상 : 불이 시트에 붙었다고 허풍떨며 거짓말을 했다.

그림 구조화 연상 STUDY
부부가 라이트를 밝히니 밝은, 선명한 빛이 나고, 집의 기초를 잘못해서 밑바닥의 바닥에 틈이 생기니, 일본의 스모선수는 가짜 담배 연기로 원을 그리다가, 불이 시트에 붙었다고 허풍떨며 거짓말을 했다.

chapter 41  영어단어 뜻 확인 [test 401~410]

아래 영어단어를 읽고 구조화로 연상되는 단어의 뜻을 써 보세요.

영어단어	연상하여 뜻 쓰기
401. neglect [niglékt]	
402. die [dai]	
403. have [hǽv]	
404. package [pǽkidʒ]	
405. original [ərídʒənl]	
406. excuse [ikskjuːz]	
407. bright [brait]	
408. bottom [bátəm]	
409. smoke [smouk]	
410. bullshit [bulʃít]	

♥ 위 열 개의 영어단어와 뜻을 소리 내어 한 번씩 빠르게 읽어 보세요.
♥ 단어암기 훈련 시 기록이 단축되도록 3차까지 소요시간을 꼭 기록하세요.

[1차 소요시간  초] [2차 소요시간  초] [3차 소요시간   초]

411 over~413 brown   **영어단어 유음 및 구조화 연상 [1]**

[오버코트 입은 여인 옆에, 젠틀맨, 부드러운 갈색 의상의 장]

411. over : (전) ~위에, 위로 (부) 넘어지게, 뒤집어

[óuvər] 오버   참고 overcoat : 외투

스토리 연상 : 오버코트를 어깨에 걸쳐 위로 덮다.

412. gentleman : (명) 신사, 남자 분

[dʒéntlmən] 젠틀맨

스토리 연상 : 젠(저 애는) 틀이 좋아 맨 날 봐도 언제나 신사 같다.

413. brown : (형) 갈색의 (명) 갈색

[braun] 브라운

스토리 연상 : 갈색은 누구나 부드러워 보여 부러운 색으로 인식되다.

그림 구조화 연상 STUDY

오버코트를 어깨에 걸쳐 위로 덮다. 그러니 젠 틀이 좋아 맨 날 봐도 언제나 신사 같으며, 갈색은 누구나 부드러워 보여 부러운 색으로 인식되다.

414 net ~ 416 result
영어단어 유음 및 구조화 연상 [2]

[그물로 짠 테니스장의 네트, 메뚜기와 호프, 졸도의 장]

414. **net** : (명) 그물, 네트
 [nét] 네트
 스토리 연상 : 네모 틀 안에 그물로 짠 테니스장에 있는 것이 네트이다.

415. **grasshopper** : (명) 메뚜기, 베짱이, 여치
 [grǽshápər] 그래스하퍼
 스토리 연상 : 메뚜기 잡은 것 있니? 그래, 있으니 호프 한 잔하자!

416. **result** : (명) 결과, 성과 (동) 결과로서 생기다
 [rizʌlt] 리절트
 스토리 연상 : 내 성적을 보면 니 졸도할 만한 결과를 듣게 될 것이다.

그림 구조화 연상

네모 틀 안에 그물로 짠 테니스장에 있는 것이 네트이다. 그리고 메뚜기 잡은 것 있니? 그래, 있으니 호프 한 잔하자고 하면서, 내 성적을 보면 니 졸도할 만한 결과를 듣게 될 것이다.

417 excite~420 foe   영어단어 유음 및 구조화 연상 [3]

[인터넷 사이트 아래, 기념비, 행진, 포의 장]

417. excite : (동) 자극하다, 일으키다, 흥분시키다
[iksáit] 익사이트
스토리 연상 : 인터넷에서 물속에 **익사**한 **사이트**를 보고 **자극하다**.

418. memorial : (명) 기념물, 기념비
[məmɔ́ːriəl] 메모리얼　　　참고 real : 진짜의, 진정한
스토리 연상 : 미모를 기념하는 날 **메모**를 **리얼**하게 써서 **기념물**에 붙이다.

419. march : (명) 행진 (동) 행진하다
[maːrtʃ] 마치
스토리 연상 : 여러 사람이 발을 **맞춰** **행진**하고, 일을 **마치**다.

420. foe : (명) 적, 원수
[fou] 포
스토리 연상 : 내가 **적**, **원수**를 **포**로 쏘다.

그림 구조화 연상 STUDY

인터넷에서 물속에 **익사**한 **사이트**를 보고 **자극하다**. 그리고 미모를 기념하는 날 **메모**를 **리얼**하게 써서 **기념물**에 붙이니, 여러 사람이 발을 **맞춰** **행진**하고, 일을 **마치**고 난 후 내가 **적**, **원수**를 **포**로 쏘다.

chapter 42

영어단어 뜻 확인 [test 411~420]

아래 영어단어를 읽고 구조화로 연상되는 단어의 뜻을 써 보세요.

영어단어	연상하여 뜻 쓰기
411. over [óuvər]	
412. gentleman [dʒéntlmən]	
413. brown [braun]	
414. net [net]	
415. grasshopper [grǽʃɑ̀pər]	
416. result [rizʌ́lt]	
417. excite [iksáit]	
418. memorial [məmɔ́ːriəl]	
419. march [maːrtʃ]	
420. foe [fou]	

♥ 위 열 개의 영어단어와 뜻을 소리 내어 한 번씩 빠르게 읽어 보세요.
♥ 단어암기 훈련 시 기록이 단축되도록 3차까지 소요시간을 꼭 기록하세요.

[1차 소요시간   초]   [2차 소요시간   초]   [3차 소요시간   초]

421 decide~423 repent　　영어단어 유음 및 구조화 연상 [1]

[바지 수선, 보디빌더, 목욕탕 팬티의 장]

421. **decide** : (동) 결정하다, 결심하다, 해결하다, 결심시키다
　　[disáid] 디사이드
　　스토리 연상 : 바지의 뒤 사이가 트어져 수선하기로 결정하다.

422. **body** : (명) 몸, 육체, 신체, 몸통, 시체
　　[bádi] 보디
　　스토리 연상 : 보디빌더가 자신의 몸, 신체를 거울 앞에서 보디!

423. **repent** : (동) 후회하다, 뉘우치다, 회개하다
　　[ripént] 리펜트
　　스토리 연상 : 목욕탕에서 내가 몰래 니 팬티 입은 것을 후회하다.

그림 구조화 연상

바지의 뒤 사이가 트어져 수선하기로 결정하다. 헬스장에서 보디빌더가 자신의 몸, 신체를 거울 앞에서 보디! 그리고 목욕탕에서 내가 몰래 니 팬티 입은 것을 후회하다.

424 derive~426 mix | 영어단어 유음 및 구조화 연상 [2]

[D자 모양의 길, 측면에 쌓인 물건, 믹서기의 장]

424. **derive** : (동) (근원에서) 끌어내다, 비롯되다, 유래되다
 [diráiv] 디라이브 　참고 drive : 몰다, 운전하다
 스토리 연상 : 근원, 유래를 찾기 위해 **D드라이브** 하면서 이야기로 **끌어내다**.

425. **side** : (명) 측, 측면, 면
 [said] 사이드
 스토리 연상 : 점점 많은 물건들이 **측면**에 **쌓이드**라!

426. **mix** : (동) 섞다, 혼합하다, 사이좋게 어울리다
 [míks] 믹스
 스토리 연상 : 여러 가지 과일을 넣고 **믹서**기를 돌려서 **혼합하다**, **섞다**.

그림 구조화 연상 STUDY

근원, 유래를 찾기 위해 **D드라이브** 하면서 이야기로 **끌어내다**. 그리고 나니 점점 많은 물건들이 **측면**에 **쌓이드**라! 그리고 여러 가지 과일을 넣고 **믹서**기를 돌려서 **혼합하다**, **섞다**.

427 port~430 eye

영어단어 유음 및 구조화 연상 [3]

[항구에서, X자 커피 포트, 불타는 돈, 시력 측정의 장]

427. **port** : (명) 항구, 항구표시
    [pɔːrt] 포트　　　참고 boat : 모터보트, 돛단배, 어선, (작은)배
    스토리 연상 : 나는 항구에서 보트를 타다.

428. **export** : (동) 수출하다 (명) 수출
    [ikspɔ́ːrt] 익스포트
    스토리 연상 : 항구에서 엑스자(×) 커피포트를 수출하다.

429. **burn** : (동) 불타다, 태우다, 타는 듯이 느끼다 (명) 화상
    [bəːrn] 번
    스토리 연상 : 애써서 번 돈이 불타다, 태우다.

430. **eye** : (명) 눈, 시력, 관찰력
    [ai] 아이
    스토리 연상 : 시력을 측정하니 아이의 눈이 좋다.

그림 구조화 연상 STUDY

나는 항구에서 보트를 타며, 항구에서 엑스자(×) 커피포트를 수출하다. 그러나 애써서 번 돈이 불타다, 태우다. 그리고 나서 시력을 측정하니 아이의 눈이 좋다.

chapter 43  영어단어 뜻 확인 [test 421~430]

아래 영어단어를 읽고 구조화로 연상되는 단어의 뜻을 써 보세요.

영어 단어	연상하여 뜻 쓰기
421. decide [disáid]	
422. body [bádi]	
423. repent [ripént]	
424. derive [diráiv]	
425. side [said]	
426. mix [míks]	
427. port [pɔːrt]	
428. export [ikspɔ́ːrt]	
429. burn [bəːrn]	
430. eye [ai]	

♥ 위 열 개의 영어단어와 뜻을 소리 내어 한 번씩 빠르게 읽어 보세요.
♥ 단어암기 훈련 시 기록이 단축되도록 3차까지 소요시간을 꼭 기록하세요.

[1차 소요시간   초] [2차 소요시간   초] [3차 소요시간   초]

431 give~433 rude 영어단어 유음 및 구조화 연상 [1]

[기부하는 사장님 옆에서, 탄 음식을 먹고, 아래 누드의 장]

431. give : (동) 주다, 건네다, 베풀다, 맡기다, 개최하다, 할당하다
[gív] 기브   참고 기부 : 자선사업이나 공공사업을 돕기 위하여 돈
스토리 연상 : 사장님이 기분이 좋아 **기부**하라고 돈을 **주다, 건네다**.

432. sir : (명) 님, 씨, 귀하, 선생, 각하
[sə́:r, sər] 써
스토리 연상 : 사랑하는 **님**께서 탄 음식을 먹고 아이 **써**~ 하고 있다.

433. rude : (형) 버릇없는, 교양 없이, 무례한
[ru:d] 루드   참고 nude : 벌거벗은, 나체의
스토리 연상 : 선생님 앞에서 **교양 없이 누드**는(옷 벗는) **버릇없는** 짓이다.

그림 구조화 연상 STUDY

사장님이 기분이 좋아 **기부**하라고 돈을 **주다, 건네다**. 그리고 사랑하는 **님**께서 탄 음식을 먹고 아이 **써**~ 한다. 선생님 앞에서 **교양 없이 누드**는 **버릇없는** 짓이다.

434 middle~**436** ceremony 　　영어단어 유음 및 구조화 연상 [2]

[응원하는 미인들, 중심의 경기장, 선수 세레모니의 장]

434. **middle** : (명) 중앙, 중간 (형) 한가운데, 중앙의
   [mídl] 미들
   스토리 연상 : 응원하는 여중생이 중간 정도 키로 큰 키의 미인들 틈에 있다.

435. **center** : (명) 중심, 중앙, 초점
   [séntər] 센터
   스토리 연상 : 축구장 중앙은 가장 터가 세고, 센터인 곳은 중심이다.

436. **ceremony** : (명) 의식, 식, 의례
   [sérəmòuni] 세레모니
   스토리 연상 : 축구선수가 골을 넣고 세례 받는 의식의 세레모니를 하다.

그림 구조화 연상 STUDY

응원하는 여중생이 중간 정도 키로 큰 키의 미인들 틈에 있으며, 축구장 중앙은 가장 터가 세고, 센터인 곳은 중심이다. 축구선수가 골을 넣고 세례 받는 의식의 세레모니를 하다.

437 familiar~440 bury　　　　영어단어 유음 및 구조화 연상 [3]

[퍼런 밀, 시골집, 오솔길 아래, 땅속 벨의 장]

437. familiar : (형) 잘 알려진, 잘 아는
[fəmíljər] 퍼밀리어
스토리 연상 : 파란색의 밀은 누구에게나 잘 알려진 **퍼런 밀이어**! 하면 다 안다.

438. cottage : (명) 시골집, 별장, 산장
[kátidʒ] 카티지
스토리 연상 : 시골집에서 코를 푸니 별장까지 **코 튀지**!

439. path : (명) 작은 길, 오솔길, 통로
[pæθ] 패스
스토리 연상 : 오솔길, 작은 길에서 아이들이 공으로 **패스**연습을 한다.

440. bury : (동) 묻다, 파묻다, 매장하다
[béri] 베리　　　　　　　　참고 bell : 종, 방울, 초인종
스토리 연상 : 탁상시계의 **베리**(벨이) 계속 울려 땅속에 파묻다, 매장하다.

그림 구조화 연상

파란색의 밀은 누구에게나 잘 알려진 **퍼런 밀이어**! 하면 다 알고, 시골집에서 코를 푸니 별장까지 **코 튀지**! 그리고 오솔길, 작은 길에서 아이들이 공으로 **패스**연습을 하니, 탁상시계의 **베리**(벨이) 계속 울려 탁상시계를 땅속에 파묻다, 매장하다.

chapter 44  영어단어 뜻 확인 [test 431~440]

아래 영어단어를 읽고 구조화로 연상되는 단어의 뜻을 써 보세요.

영어단어	연상하여 뜻 쓰기
431. give [gív]	
432. sir [sə́ːr, sər]	
433. rude [ruːd]	
434. middle [mídl]	
435. center [séntər]	
436. ceremony [sérəmòuni]	
437. familiar [fəmíljər]	
438. cottage [kátidʒ]	
439. path [pæθ]	
440. bury [béri]	

♥ 위 열 개의 영어단어와 뜻을 소리 내어 한 번씩 빠르게 읽어 보세요.
♥ 단어암기 훈련 시 기록이 단축되도록 3차까지 소요시간을 꼭 기록하세요.

| 441 busy~443 convince | 영어단어 유음 및 구조화 연상 [1] |

[두부공장 비지, 아이들, 큰 빙수의 장]

441. busy : (형) 바쁜, 분주한, 번화한, 통화 중인
   [bízi] 비지
   스토리 연상 : 두부 공장에서 바쁜 가운데 비지까지 나르니 분주하다.

442. idle : (형) 한가한, 게으른 (동) 빈둥거리고 있다
   [áidl] 아이들
   스토리 연상 : 숙제하지 않고 놀고 있는 아이들은 게으른 아이들이다.

443. convince : (동) 확신시키다, 납득시키다, 설득시키다
   [kənvíns] 컨빈스
   스토리 연상 : 우는 아이에게 큰 빙수를 사주면서 울지 말라고 설득시키다.

그림 구조화 연상

두부 공장에서 바쁜 가운데 비지까지 나르니 분주하다. 그리고 숙제하지 않고 놀고 있는 아이들은 게으른 아이들이며, 우는 아이에게 큰 빙수를 사주면서 울지 말라고 설득시키다.

444 rough~446 spectacle | 영어단어 유음 및 구조화 연상 [2]

[거친 로프, 정글 속 뱀, 수백 마리 코끼리의 장]

444. **rough** : (형) 거친, 거칠거칠한, 껄껄한, 세공하지 않은
 [rʌf] 러프 　　　　　　　　　참고 rope : 밧줄, 새끼
 스토리 연상 : 거칠거칠한 **러프**와 껄껄한 **로프**를 메고 간다.

445. **jungle** : (명) 밀림지대, 정글
 [dʒʌŋgl] 정글
 스토리 연상 : 밀림 속은 **정**말 **징글** 거리는 **징그**러운 뱀도 있다.

446. **spectacle** : (명) 광경, 장관, 안경
 [spéktəkl] 스펙터클
 스토리 연상 : 아기 코끼리 **수백** 마리가 **더 클** 것을 생각하니 **광경**이 **장관**이다.

그림 구조화 연상 STUDY

거칠거칠한 **러프**와 껄껄한 **로프**를 메고 가며, 밀림 속은 **정**말 **징글** 거리는 **징그**러운 뱀도 있고, 아기 코끼리 **수백** 마리가 **더 클** 것을 생각하니 **광경**이 **장관**이다.

447 injure~450 siege | 영어단어 유음 및 구조화 연상 [3]

[인조인간, 몽둥이, 테러에 불, 포위 공격의 장]

447. injure : (동) 상처를 입히다, 다치게 하다, 해치다
[índʒər] 인저
스토리 연상 : 로봇 같은 **인조**인간이 사람을 **해치다**, **다치게 하다**.

448. defeat : (동) 패배시키다, 쳐부수다 (명) 패배, 짐
[difíːt] 디핏
스토리 연상 : 몽둥이로 **뒤**에서 **피~트**(튀)길 정도로 **패배시키다**, **쳐부수다**.

449. terrible : (형) 무서운, 무시무시한
[térəbl] 테러블 　　　　　　　　　 참고 terror : 공포
스토리 연상 : **무시무시한** 사람이 **테러**에 **불**까지 지르니, **무서운** 사람들이다.

450. siege : (명) 포위, 공격
[síːdʒ] 시지
스토리 연상 : 깡패들이 **쉬지** 않고 나를 계속 **포위**, **공격**하다.

그림 구조화 연상

로봇 같은 **인조**인간이 사람을 **해치다**, **다치게 하다**. 그리고 몽둥이로 **뒤**에서 **피~트**길 정도로 **패배시키다**, **쳐부수다**. 너무나 **무시무시한** 사람이 **테러**에 **불**까지 지르니, **무서운** 사람들이다. 옆에서는 깡패들이 **쉬지** 않고 나를 계속 **포위**, **공격**하다.

chapter 45  영어단어 뜻 확인 [test 441~450]

아래 영어단어를 읽고 구조화로 연상되는 단어의 뜻을 써 보세요.

영어단어	연상하여 뜻 쓰기
441. busy [bízi]	
442. idle [áidl]	
443. convince [kənvíns]	
444. rough [rʌf]	
445. jungle [dʒʌŋgl]	
446. spectacle [spéktəkl]	
447. injure [índʒər]	
448. defeat [difíːt]	
449. terrible [térəbl]	
450. siege [síːdʒ]	

♥ 위 열 개의 영어단어와 뜻을 소리 내어 한 번씩 빠르게 읽어 보세요.
♥ 단어암기 훈련 시 기록이 단축되도록 3차까지 소요시간을 꼭 기록하세요.

[1차 소요시간 　　　초] [2차 소요시간 　　　초] [3차 소요시간 　　　초]

451 leggy~453 blanket 영어단어 유음 및 구조화 연상 [1]

[옷 쓰레기 아래, 독신 남자, 불낸 담요의 장]

451. leggy : (형) 다리가 긴, 다리가 날씬한, 줄기가 가늘고 긴

[légi] 레기

스토리 연상 : 다리가 긴 사람이 쓰레기 앞에서 누가 더 긴지 내기를 한다.

452. bachelor : (명) 미혼 남자, 학사

[bǽtʃələr] 배철러

스토리 연상 : 혼자 사는 독신 남자가 자신의 배를 철로 올려놓고 엎드려 있다.

453. blanket : (명) 담요, 모포, 덮개

[blǽŋkit] 블랭킷

스토리 연상 : 방화범이 담요에 불낸 뒤 키도 버리다.

그림 구조화 연상 STUDY

다리가 긴 사람이 쓰레기 앞에서 누가 더 긴지 내기를 하며, 혼자 사는 독신 남자가 자신의 배를 철로 올려놓고 엎드려 있고, 방화범이 담요에 불낸 뒤 키도 버리다.

454 merry~456 average 　　영어단어 유음 및 구조화 연상 [2]

[강아지 메리, 버터 먹는 나비, 평균대 위 애의 장]

454. merry : (형) 명랑한, 유쾌한, 즐거운
　　[méri] 메리
　　스토리 연상 : 우리 집 강아지 **메리**는 항상 **명랑**하게 뛰어 논다.

455. butterfly : (명) 나비
　　[bʌtərflai] 버터플라이
　　스토리 연상 : **버터**를 먹고, **풀풀 날라** 가는 것**이 나비**이다.

456. average : (명) 평균 (형) 평균의, 보통 수준의 (동) 평균하다
　　[ǽvəridʒ] 애버리지
　　스토리 연상 : **평균**대 위에 **애**를 **버리지** 마세요.

그림 구조화 연상

우리 집 강아지 **메리**는 항상 **명랑**하게 뛰어 논다. **버터**를 먹고, **풀풀 날라** 가는 것**이 나비**이며, **평균**대 위에 **애**를 **버리지** 마세요.

457 desert~460 dialog — 영어단어 유음 및 구조화 연상 [3]

[사막, 샌드위치, 타인의 작은 선물, 전화의 장]

457. desert : (명) 사막 (형) 사막 같은, 불모의
[dézərt] 데저트
스토리 연상 : 사막에서 모두 뒈져서(죽어서) 트럭에 싣고 오다.

458. sand : (명) 모래, 모래땅
[sænd] 샌드
스토리 연상 : 사막에 바람이 불어 샌드위치에 모래가 묻었다.

459. tiny : (명) 작은, 조그마한
[táini] 타이니
스토리 연상 : 타 지역의 타인이 조그마한, 작은 물건을 나에게 주다.

460. dialog : (명) 대화, 문답, 회화
[dáiəlɔ́ːg] 다이얼록
스토리 연상 : 전화 다이얼로 그에게 문답으로 대화하다.

그림 구조화 연상

사막에서 모두 뒈져서 트럭에 싣고 오다가, 사막에 바람이 불어 샌드위치에 모래가 묻었다. 타 지역의 타인이 조그마한, 작은 물건을 나에게 주니, 전화 다이얼로 그에게 문답으로 대화하다.

chapter 46  영어단어 뜻 확인 [test 451~460]

아래 영어단어를 읽고 구조화로 연상되는 단어의 뜻을 써 보세요.

영어단어	연상하여 뜻 쓰기
451. leggy [légi]	
452. bachelor [bǽtʃələr]	
453. blanket [blǽŋkit]	
454. merry [méri]	
455. butterfly [bʌ́tərflai]	
456. average [ǽvəridʒ]	
457. desert [dézərt]	
458. sand [sænd]	
459. tiny [táini]	
460. dialog [dáiəlɔ́:g]	

♥ 위 열 개의 영어단어와 뜻을 소리 내어 한 번씩 빠르게 읽어 보세요.
♥ 단어암기 훈련 시 기록이 단축되도록 3차까지 소요시간을 꼭 기록하세요.

[1차 소요시간   초]   [2차 소요시간   초]   [3차 소요시간   초]

461 shower~463 vase
영어단어 유음 및 구조화 연상 [1]

[샤워기, 꽃과 곤충, 꽃병 위에 배의 장]

461. shower : (명) 소나기
[ʃáuər] 샤워
스토리 연상 : **샤워**기로 꽃에 **소나기** 같은 물을 주다.

462. flower : (명) 꽃, 화초, 개화 (동) 꽃이 피다
[fláuər] 플라워   **참고** flour : 밀가루, 소맥분
스토리 연상 : 곤충들이 **풀풀 날라워**서(와서) **꽃**에 앉다.

463. vase : (명) 꽃병, 장식용 항아리, 병
[veis, veiz] 베이스
스토리 연상 : **꽃병** 위에 **배**(먹는 배)**있**으니 구경이나 해라!

그림 구조화 연상 STUDY

샤워기로 꽃에 **소나기** 같은 물을 주고 나니, 곤충들이 **풀풀 날라워**서 **꽃**에 앉아 있으며, **꽃병** 위에 **배있**으니 구경이나 하라고 한다.

464 mind~466 nose | 영어단어 유음 및 구조화 연상 [2]

[마음 착한 여인, 현금 다 써버린 지갑, 노란 코의 장]

464. **mind** : (명) 마음, 정신, 의견, 지성 (동) 주의하다, 유의하다
   [maind] 마인드
   스토리 연상 : 마음씨 착한 여인이 마음에 인(人)드니(사람이 마음에 드니) 정신 차리자!

465. **supplement** : (명) 추가, 보충, 부록 (동) 보충하다
   [sʌpləmənt] 서플먼트
   스토리 연상 : 지갑에 현금을 다 써버리면 트집을 잡으니 다시 보충하다.

466. **nose** : (명) 코
   [nouz] 노즈
   스토리 연상 : 특이하게 생긴 내 코는 노란 주머니 같다.

그림 구조화 연상 STUDY

마음씨 착한 여인이 마음에 인(人)드니 정신 차리고, 지갑에 현금을 다 써버리면 트집을 잡으니 다시 보충하다. 그리고 내 코는 특이하게 노란 주머니 같다.

| 467 symbol~470 silk | 영어단어 유음 및 구조화 연상 [3] |

[상징의 신, 진흙탕 바지, 구매자, 비단가게의 장]

467. **symbol** : (명) 상징, 기호
 [símbəl] 심볼
 스토리 연상 : 우리 학교의 상징물은 신을 볼에 대고 있는 모습이다.

468. **jean** : (명) 진, 바지
 [dʒiːn] 진
 스토리 연상 : 진흙탕에서 바지를 입으니 진짜 좋다.

469. **buyer** : (명) 사는 사람, 구매자
 [báiər] 바이어
 스토리 연상 : 구매자, 사는 사람들은 좋은지 나쁜지 물건을 잘 봐요(보아요→바이어)!

470. **silk** : (명) 명주실, 비단옷
 [sílk] 실크
 스토리 연상 : 명주실로 짠 비단옷은 실 크기가 다르다.

그림 구조화 연상

우리 학교의 상징물은 신을 볼에 대고 있는 모습이며, 진흙탕에서 바지를 입으니 진짜 좋다. 그리고 구매자, 사는 사람들은 좋은지 나쁜지 물건을 잘 봐요! 그러나 명주실로 짠 비단옷은 실 크기가 다르다.

chapter 47  영어단어 뜻 확인 [test 461~470]

아래 영어단어를 읽고 구조화로 연상되는 단어의 뜻을 써 보세요.

영어단어	연상하여 뜻 쓰기
461. shower [ʃáuər]	
462. flower [fláuər]	
463. vase [veis, veiz]	
464. mind [maind]	
465. supplement [sʌpləmənt]	
466. nose [nouz]	
467. symbol [símbəl]	
468. jean [dʒiːn]	
469. buyer [báiər]	
470. silk [sílk]	

♥ 위 열 개의 영어단어와 뜻을 소리 내어 한 번씩 빠르게 읽어 보세요.
♥ 단어암기 훈련 시 기록이 단축되도록 3차까지 소요시간을 꼭 기록하세요.

[1차 소요시간   초] [2차 소요시간   초] [3차 소요시간   초]

471 vocal~473 fluid

영어단어 유음 및 구조화 연상 [1]

[부엌칼로 성악, 개미꼬리, 풀 속 아이의 장]

471. vocal : (형) 목소리의, 성악의, 노래의

[vóukəl] 보컬

스토리 연상 : 부엌칼(부칼→보컬)로 장단을 맞추며 성악의 노래도 잘 부른다.

472. chemical : (형) 화학의 (명) 화학제품

[kémikəl] 케미컬

스토리 연상 : 개미(케미) 꼬리를 칼(컬)로 자르니 화학의 성분이 나오다.

473. fluid : (명) 유동성, 액체, 분비액 (형) 유동적인

[flúːid] 플루이드

스토리 연상 : 아이가 잔디 위의 풀로 이들이 유동성 있게 지나다닌다.

그림 구조화 연상

부엌칼로 장단을 맞추며 성악의 노래도 잘 부르며, 개미 꼬리를 칼로 자르니 화학의 성분이 나오고, 아이가 잔디 위의 풀로 이들이 유동성 있게 지나다닌다.

474 contract~476 gasoline 영어단어 유음 및 구조화 연상 [2]

[큰 트랙터, 브레이크, 주유소 트럭 위에 가구의 장]

474. contract : (명) 계약 (동) 계약하다, 수축하다, 줄어들다
　　[kɑ́ntrækt] 컨트랙트
　　스토리 연상 : 큰 차가 필요해서 **큰 트랙터**를 **계약하다**.

475. break : (동) 깨다, 고장 내다, 부서지다
　　[breik] 브레익　　　　　**참고** brake : 제동기, 제동 장치
　　스토리 연상 : 자동차 **브레이크**를 잘못 밟아 유리문을 **깨다, 고장 내다**.

476. gasoline : (명) 휘발유
　　[gǽsəlíːn] 가솔린
　　스토리 연상 : **휘발유**를 넣는 동안 트럭 위에 **가구**가 옆으로 **쏠린**다.

그림 구조화 연상　STUDY

큰 차가 필요해서 **큰 트랙터**를 **계약하다**. 그리고 자동차 **브레이크**를 잘못 밟아 유리문을 **깨다, 고장 내다**. 주유소에서 **휘발유**를 넣는 동안 트럭 위에 **가**구가 옆으로 **쏠린**다.

477 prison~480 torment　　영어단어 유음 및 구조화 연상 [3]

[감옥 풀 전, 얼음, 하인, 토하는 모습의 장]

477. **prison** : (명) 감옥, 교도소
   [prízn] 프리즌
   스토리 연상 : 감옥에서는 풀이 전(김치전)의 재료가 될 수도 있다.

478. **unfair** : (형) 불공평한, 부정한
   [ʌ́nfɛər] 언페어
   스토리 연상 : 나만 얼음에 언 것을 페어 먹으니 불공평한 방법이다.

479. **behind** : (부) 뒤에, 후방에
   [biháind, bə-] 비하인드
   스토리 연상 : 내 뒤에 따라오며 비를 들고 하인(下人)도 쓸고 있다.

480. **torment** : (명) 고통, 괴롭힘
   [tɔ́:rment] 토~먼트
   스토리 연상 : 고문으로 괴롭힘 당해서 먹은 음식을 토하면 더 고통스럽다.

그림 구조화 연상　STUDY

감옥에서는 풀이 전(김치전)의 재료가 될 수도 있으며, 나만 얼음에 언 것을 페어 먹으니 불공평한 방법이다. 내 뒤에 따라오며 비를 들고 하인(下人)도 쓸고 있으며, 고문으로 괴롭힘 당해서 먹은 음식을 토하면 더 고통스럽다.

chapter 48  영어단어 뜻 확인 [test 471~480]

아래 영어단어를 읽고 구조화로 연상되는 단어의 뜻을 써 보세요.

영어단어	연상하여 뜻 쓰기
471. vocal [vóukəl]	
472. chemical [kémikəl]	
473. fluid [flúːid]	
474. contract [kántrækt]	
475. break [breik]	
476. gasoline [gǽsəlíːn]	
477. prison [prízn]	
478. unfair [ʌ́nfɛ́ər]	
479. behind [biháind, bə-]	
480. torment [tɔ́ːrment]	

♥ 위 열 개의 영어단어와 뜻을 소리 내어 한 번씩 빠르게 읽어 보세요.
♥ 단어암기 훈련 시 기록이 단축되도록 3차까지 소요시간을 꼭 기록하세요.

[1차 소요시간  초]　[2차 소요시간  초]　[3차 소요시간  초]

481 cherish~483 ocean 　　　　영어단어 유음 및 구조화 연상 [1]

[체리 씨, 피서지 옆, 바다 위 어선의 장]

481. **cherish** : (동) (어린아이를)소중히 하다, (추억을)고이 간직하다
　　　[tʃériʃ] 체리쉬
　　　스토리 연상 : 어린아이들이 체리를 먹고 남은 **체리 씨**를 소중히 하다.

482. **piece** : (명) 조각, 한 개
　　　[píːs] 피스
　　　스토리 연상 : 여름에 **피서** 가서 피자 한 **조각**만 먹었다.

483. **ocean** : (명) 대양, 해양
　　　[óuʃən] 오션
　　　스토리 연상 : 바다 위 **어선**이 **대양** 위를 항해한다.

그림 구조화 연상 STUDY

어린아이들이 체리를 먹고 남은 **체리 씨**를 **소중히 하다**. 그리고 여름에 **피서** 가서 피자 한 **조각**만 먹었으며, 바다 위 **어선**이 **대양** 위를 항해한다.

484 temple~486 church

영어단어 유음 및 구조화 연상 [2]

[절 앞에 텐트, 성당 앞 아비, 교회의 장]

484. temple : (명) 절, 사찰, 신전
[témpl] 템플
스토리 연상 : 절에서는 신기하게 텐트에 풀이 자란다.

485. abbey : (명) 성당, 대수도원
[ǽbi] 애비
스토리 연상 : 성당에는 애비(아비)들만 다닌다.

486. church : (명) 교회, 예배
[tʃəːrtʃ] 처치
스토리 연상 : 교회에서 예배를 보는 신자가 쓰러져 응급 처치하다.

그림 구조화 연상 STUDY

절에서는 신기하게 텐트에 풀이 자라며, 성당에는 애비들만 다니고, 교회에서 예배를 보는 신자가 쓰러져 응급 처치하다.

| 487 killer~490 here | 영어단어 유음 및 구조화 연상 [3] |

[모기약, 장기판, 개머리 위에 사진기, 영웅의 장]

487. **killer** : (명) 죽이는 것, 살인자
 [kílər] 킬러
 스토리 연상 : 모기약 에프 **킬러**로 사람을 **죽이는 것**은 **살인자**이다.

488. **opponent** : (명) (논쟁, 경쟁) 적수, 반대자, 상대
 [əpóunənt] 어포넌트
 스토리 연상 : 장기판을 **업퍼**(엎어) **논** 것은 내가 아니고 **적수**인 **상대**방이다.

489. **camera** : (명) 사진기, 카메라
 [kǽmərə] 캐머러
 스토리 연상 : **개머리** 위에 **사진기**를 올려놓고 찍는다.

490. **here** : (명) 영웅, 주인공
 [híər] 히어로
 스토리 연상 : **희**한한 **어**(語)**로** 말을 하니 **영웅, 주인공**이 되다.

그림 구조화 연상

모기약 에프 **킬러**로 사람을 **죽이는 것**은 **살인자**이며, 장기판을 **업퍼 논** 것은 내가 아니고 **적수**인 **상대**방이다. **개머리** 위에 **사진기**를 올려놓고 찍으며, **희**한한 **어**(語)**로** 말을 하니 **영웅, 주인공**이 되다.

chapter 49 영어단어 뜻 확인 [test 481~490]

아래 영어단어를 읽고 구조화로 연상되는 단어의 뜻을 써 보세요.

영어단어	연상하여 뜻 쓰기
481. cherish [tʃériʃ]	
482. piece [píːs]	
483. ocean [óuʃən]	
484. temple [témpl]	
485. abbey [ǽbi]	
486. church [tʃəːrtʃ]	
487. killer [kílər]	
488. opponent [əpóunənt]	
489. camera [kǽmərə]	
490. here [híər]	

♥ 위 열 개의 영어단어와 뜻을 소리 내어 한 번씩 빠르게 읽어 보세요.
♥ 단어암기 훈련 시 기록이 단축되도록 3차까지 소요시간을 꼭 기록하세요.

[1차 소요시간   초] [2차 소요시간   초] [3차 소요시간   초]

491 real~493 delicious | 영어단어 유음 및 구조화 연상 [1]

[니 얼굴, 추하게 먹는 음식, 맛 집의 장]

491. **real** : (형) 실제의, 진짜의
    [ríːəl] 리얼
    스토리 연상 : 꾸미지 않은 니(너) 얼굴이 실제의, 진짜의 얼굴이다.

492. **chew** : (동) 씹다, 깨물어 부수다
    [tʃuː] 추
    스토리 연상 : 목에 저울추를 걸고 추하게 음식을 흘리며 씹다, 깨물다.

493. **delicious** : (형) 맛있는, 맛좋은, 유쾌한
    [dilíʃəs] 딜리셔스
    스토리 연상 : 할아버지가 맛집에 맛있는 음식을 드시려고 들리셨어요? 하고 주인이 물어본다.

그림 구조화 연상
꾸미지 않은 니 얼굴이 실제의, 진짜의 얼굴이며, 목에 저울추를 걸고 추하게 음식을 흘리며 씹다, 깨물다. 그리고 할아버지가 맛집에 맛있는 음식을 드시려고 들리셨어요? 하고 주인이 물어본다.

| 494 prepare~496 object | 영어단어 유음 및 구조화 연상 [2] |

[투수, N타워, 어부가 탄 제트기의 장]

494. prepare : (동) 준비하다
[pripέər] 프리페어
스토리 연상 : 투수가 **풀이 페어**(패어) 있는 곳에서 공을 던지기 위해 **준비하다**.

495. tower : (명) 탑, 타워
[táuər] 타워
스토리 연상 : 남산 서울**타워**가 높아 아이를 어깨에 **태워 탑**에 오르다.

496. object : (명) 물건, 대상, 목적, 목표, 목적어 (동) 반대하다
[άbdʒikt, -dʒekt] 오브젝트
스토리 연상 : 고기 잡는 **어부**가 **제트**기를 타고 **물건, 목표**를 향해 날아가다.

그림 구조화 연상 STUDY

투수가 **풀이 페어** 있는 곳에서 공을 던지기 위해 **준비하다**. 그리고 남산 서울**타워**가 높아 아이를 어깨에 **태워 탑**에 오르고 있으며, 고기 잡는 **어부**가 **제트**기를 타고 **물건, 목표**를 향해 날아가다.

| 497 lamb~500 success | 영어단어 유음 및 구조화 연상 [3] |

[양, 농부, 나비와 벌의 소설, 석쇠의 장]

497. lamb : (명) 어린양, 새끼 양, 양의 고기
[læm] 렘
스토리 연상 : 어린양이 램~ 래앰하고 떨리는 목소리로 운다.

498. farmer : (명) 농부, 농장주
[fáːrmər] 파머   참고 ferm : (머리를)파마하다
스토리 연상 : 농부가 미장원에서 퍼머를 하고 농사를 짓기 위해 땅을 파다.

499. novel : (명) 소설 (형) 새로운, 신기한
[návəl] 나벌
스토리 연상 : 나비처럼 생긴 벌이 나오는 나벌이란 신기한, 소설을 읽다.

500. success : (명) 성공
[səksés] 석세스   참고 석쇠 : 고기나 굳은 떡 조각 따위를 굽는 기구
스토리 연상 : 성공한 사장님이 머리에 석쇠를 쓰며 기뻐하다.

그림 구조화 연상

어린양이 램~ 래앰하고 떨리는 목소리로 울고 있고, 농부가 미장원에서 퍼머를 하고 농사를 짓기 위해 땅을 파다. 그리고 나비처럼 생긴 벌이 나오는 나벌이란 신기한, 소설을 읽으며, 성공한 사장님이 머리에 석쇠를 쓰며 기뻐하다.

chapter 50  영어단어 뜻 확인 [test 491~500]

아래 영어단어를 읽고 구조화로 연상되는 단어의 뜻을 써 보세요.

영어단어	연상하여 뜻 쓰기
491. real [ríːəl]	
492. chew [tʃuː]	
493. delicious [dilíʃəs]	
494. prepare [pripɛ́ər]	
495. tower [táuər]	
496. object [ɑ́bdʒikt, -dʒekt]	
497. lamb [læm]	
498. farmer [fɑ́ːrmər]	
499. novel [nɑ́vəl]	
500. success [səksés]	

♥ 위 열 개의 영어단어와 뜻을 소리 내어 한 번씩 빠르게 읽어 보세요.
♥ 단어암기 훈련 시 기록이 단축되도록 3차까지 소요시간을 꼭 기록하세요.

[1차 소요시간  초] [2차 소요시간  초] [3차 소요시간  초]

501 knock~503 shadow　　　영어단어 유음 및 구조화 연상 [1]

[노란 문, 텅 빈 입속의 혀, 새 그림자의 장]

501. **knock** : (동) 치다, 두드리다, 때리다
    [nak] 노크
    스토리 연상 : 노란 문이 크니 아이가 손으로 치다, 두드리다.

502. **tongue** : (명) 혀, 혓바닥, 언어
    [tʌŋ] 텅
    스토리 연상 : 입을 벌리니 텅 빈 입안에는 통통한 혀만 있다.

503. **shadow** : (명) 그림자
    [ʃǽdou] 새도우
    스토리 연상 : 전선 위에 앉은 새도 우니 아래 그림자가 생기다.

그림 구조화 연상

노란 문이 크니 아이가 손으로 치다, 두드리다. 그리고 아! 하고 입을 벌리니 텅 빈 입안에는 통통한 혀만 있으며, 전선 위에 앉은 새도 우니 아래 그림자가 생기다.

504 hospital~506 double 　　영어단어 유음 및 구조화 연상 [2]

[병원, 택시, 노래방 요금의 장]

504. **hospital** : (명) 병원
　　[háspitl] 하스피텔
　　스토리 연상 : 어린이가 웨**하스**를 먹고 **피**부에 **털**이 나 **병원**에 가다.

505. **call** : (동) 부르다, 외치다, 불러내다
　　[kɔːl] 콜
　　스토리 연상 : **콜**라를 마시며 **콜**택시를 **부른**다.

506. **double** : (형) 두 배의, 이중의 (명) 두 배
　　[dʌbl] 더블
　　스토리 연상 : 노래방에서 요금을 **두 배**로 내서 노래를 **더** 불렀다.

그림 구조화 연상　STUDY

어린이가 웨**하스**를 먹고 **피**부에 **털**이 나 **병원**에 가고, 길에서 **콜**라를 마시며 **콜**택시를 **부른**다. 그리고 노래방에서 요금을 **두 배**로 내서 노래를 **더** 불렀다.

| 507 bath~510 argue | 영어단어 유음 및 구조화 연상 [3] |

[욕조와 수족관, 방귀와 아귀의 장]

507. **bath** : (명) 목욕, 욕조
    [bæθ] 베스
    스토리 연상 : 목욕탕에서 배스 보이면서 안녕하세요? 목욕할 때마다 뵀습니다.

508. **aquarium** : (명) 수족관
    [əkwέəriəm] 아쿠아리엄
    스토리 연상 : 수족관에 갇힌 물고기들이 어(漁)! 괴로움을 느낀다.

509. **fart** : (명) 방귀, 바보 (동) 방귀를 뀌다
    [faːrt] 파트   참고 part : 부분, 일부, 나누다
    스토리 연상 : 파트별로 나누어 방귀를 뀌니 바보 같다.

510. **argue** : (동) 논하다, 주장하다
    [άːrgjuː] 아규
    스토리 연상 : 나의 귀를 보고 아~ 귀를 보고 잘생긴 귀라고 주장하다, 논하다.

그림 구조화 연상

목욕탕에서 배스 보이면서 안녕하세요? 목욕할 때마다 뵀습니다. 하고 나서 수족관에 갇힌 물고기들을 보니 어! 괴로움을 느낀다. 여러 사람이 파트별로 나누어 방귀를 뀌니 바보 같고, 나의 귀를 보고 아~ 귀가 잘생긴 귀라고 주장하다, 논하다.

chapter 51  영어단어 뜻 확인 [test 501~510]

아래 영어단어를 읽고 구조화로 연상되는 단어의 뜻을 써 보세요.

영어단어	연상하여 뜻 쓰기
501. knock [nak]	
502. tongue [tʌŋ]	
503. shadow [ʃǽdou]	
504. hospital [hɑ́spitl]	
505. call [kɔːl]	
506. double [dʌbl]	
507. bath [bæθ]	
508. aquarium [əkwɛ́əriəm]	
509. fart [faːrt]	
510. argue [ɑ́ːrgjuː]	

♥ 위 열 개의 영어단어와 뜻을 소리 내어 한 번씩 빠르게 읽어 보세요.
♥ 단어암기 훈련 시 기록이 단축되도록 3차까지 소요시간을 꼭 기록하세요.

511 survey~513 match 영어단어 유음 및 구조화 연상 [1]

[소, 조그만 배, 유도 경기의 장]

511. **survey** : (동) 바라보다, 조사하다, 측량
 [sərvéi] 서베이
 스토리 연상 : 소를 측량하기 위해 소 배위를 보며 조사하다, 바라보다.

512. **peril** : (명) 위험, 위난, 위태
 [pérəl] 페럴
 스토리 연상 : 뚱뚱한 사람이 조그만 배를 타면 위험하고, 위태롭다.

513. **match** : (명) 경기, 시합, 어울리는 사람 (동) ~와 조화하다
 [mætʃ] 매치
 스토리 연상 : 유도선수가 경기, 시합 때 상대 선수를 어깨로 메치다.

그림 구조화 연상 STUDY

소를 측량하기 위해 소 배위를 보며 조사하다, 바라보다. 그리고 뚱뚱한 사람이 조그만 배를 타면 위험하고, 위태롭다. 또 유도선수가 경기, 시합 때 상대 선수를 어깨로 메치다.

514 senior~516 pour 영어단어 유음 및 구조화 연상 [2]

[신 들고, 쓰레기통 앞 노예, 우물 속 바가지의 장]

514. senior : (명) 선배, 연장자, 상급자 (형) 손위의
[síːnjər] 시니어
스토리 연상 : 신을 들고 신이여! 선배, 연장자를 신처럼 모시고 싶습니다.

515. slave : (명) 노예
[sleiv] 슬레이브
스토리 연상 : 쓰레기를 입으로 먹는 노예가 불쌍하다.

516. pour : (동) 쏟다, 붓다, 따르다
[pɔːr] 포~얼
스토리 연상 : 우물에서 바가지로 물을 퍼 올려 양동이에 붓다, 따르다.

그림 구조화 연상 STUDY

신을 들고 신이여! 선배, 연장자를 신처럼 모시고 싶다고 외치며, 쓰레기를 입으로 먹는 노예가 불쌍하다. 그리고 우물에서 바가지로 물을 퍼 올려 양동이에 붓다, 따르다.

517 unique~520 beat | 영어단어 유음 및 구조화 연상 [3]

[윤이 난 코, 해골 티, 책상 치는 마이크, 비틀어진 마이크의 장]

517. **unique** : (형) 유일한, 특이한, 독특한
    [juːníːk] 유니크
    스토리 연상 : 반짝반짝 윤이 나는 코가 특이하고 독특한 코다.

518. **faculty** : (명) 능력, 재능, 학부, 교수진, 교직원
    [fǽkəlti] 패컬티
    스토리 연상 : 해골티(해골이 그려진 티)를 입은 학부의 학생들이 능력과 재능이 있다.

519. **micro** : (명) 아주 작은 것, 극소의 것
    [máikrou] 마이크로
    스토리 연상 : 책상을 마이크로 툭툭 치니 아주 작은 것, 먼지까지 떨어진다.

520. **beat** : (동) (계속해서)치다, 두드리다
    [bíːt] 비트
    스토리 연상 : 마이크가 비틀어질 정도로 바닥을 치다, 두드리다.

그림 구조화 연상

반짝반짝 윤이 나는 코가 특이하고 독특한 코이며, 해골티(해골이 그려진 티)를 입은 학부의 학생들이 능력과 재능이 있다. 책상을 마이크로 툭툭 치니 아주 작은 것, 먼지까지 떨어지며, 마이크가 비틀어질 정도로 바닥을 세게 치다, 두드리다.

chapter 52  영어단어 뜻 확인 [test 511~520]

아래 영어단어를 읽고 구조화로 연상되는 단어의 뜻을 써 보세요.

영어단어	연상하여 뜻 쓰기
511. survey [sərvéi]	
512. peril [pérəl]	
513. match [mætʃ]	
514. senior [síːnjər]	
515. slave [sleiv]	
516. pour [pɔːr]	
517. unique [juːníːk]	
518. faculty [fǽkəlti]	
519. micro [máikrou]	
520. beat [bíːt]	

♥ 위 열 개의 영어단어와 뜻을 소리 내어 한 번씩 빠르게 읽어 보세요.
♥ 단어암기 훈련 시 기록이 단축되도록 3차까지 소요시간을 꼭 기록하세요.

[1차 소요시간   초]   [2차 소요시간   초]   [3차 소요시간   초]

| 521 know~523 inquire | 영어단어 유음 및 구조화 연상 [1] |

[손 놓은 냄비, 엄마 등, 길 묻는 아이의 장]

521. know : (동) 알다, 알고 있다
 [nou] 노우
 스토리 연상 : 냄비에서 손을 **놓으**면 뜨거운 줄 알다, 알고 있다.

522. opinion : (명) 의견, 견해
 [əpínjən] 오피니언
 스토리 연상 : 엄마 등에 **업힌 년**이 의견, 견해를 말한다.

523. inquire : (동) 묻다, 질문하다, 조사하다
 [inkwáiər] 인콰이어
 스토리 연상 : 길을 가다 여기가 어디 **인가요**? 하고 묻다, 조사하다.

그림 구조화 연상

냄비에서 손을 **놓으**면 뜨거운 줄 알다, 알고 있다. 그리고 엄마 등에 **업힌 년**이 의견, 견해를 말하며, 길을 가다 여기가 어디 **인가요**? 하고 묻다, 조사하다.

524 lake~526 active   영어단어 유음 및 구조화 연상 [2]

[호수 앞, 축구장, 액정 TV의 장]

524. **lake** : (명) 호수
    [leik] 레이크
    스토리 연상 : 호수의 물에 비치는 **내 이**가 **크**니 잘 봐라!

525. **bored** : (형) 지루한, 따분한
    [bɔːrd] 볼드   참고 ball : 공, 공 모양의 것
    스토리 연상 : 축구장에서 하루 종일 **볼~드**(공도) 한 번 못 차니 **지루한** 날이다.

526. **active** : (형) 활동적인, 적극적인
    [ǽktiv] 액티브
    스토리 연상 : **액**정 **티브**이를 들고 다니니 **활동적인**, **적극적인** 사람이다.

그림 구조화 연상 STUDY

호수의 물에 비치는 **내 이**키가 **크**니 잘 보라 하며, 축구장에서 하루 종일 **볼~드** 한 번 못 차니 **지루한** 날이고, **액**정 **티브**이를 들고 다니니 **활동적인**, **적극적인** 사람이다.

527 calm~530 work 영어단어 유음 및 구조화 연상 [3]

[평온한 시골, 담 넘는 도둑, A자 주는 조수, 워커의 장]

527. calm : (형) 평온한, 고요한 (명) 고요함
　　[kaːm] 캄
　　스토리 연상 : 시골의 캄캄한 밤은 평온하고 고요한 밤이다.

528. wall : (명) 벽
　　[wɔːl] 월
　　스토리 연상 : 달밤에 도둑이 월담하여 벽을 넘는다.

529. aide : (명) 조수, 조력자, 측근, 보좌관
　　[eid] 에이드
　　스토리 연상 : 상관에게 보좌관과 조수가 에이(A)를 드리다.

530. work : (명) 일, 직업 (동) 노동하다, 일을 시키다
　　[wəːrk] 워크
　　스토리 연상 : 직업으로 일 할 때에는 워커(군화) 신고 노동하다.

그림 구조화 연상 STUDY

시골의 캄캄한 밤은 평온하고 고요한 밤이며, 달밤에 도둑이 월담하여 벽을 넘는다. 상관에게 보좌관과 조수가 에이를 드리고, 직업으로 일 할 때에는 워커를 신고 노동하다.

chapter 53  영어단어 뜻 확인 [test 521~530]

아래 영어단어를 읽고 구조화로 연상되는 단어의 뜻을 써 보세요.

영어단어	연상하여 뜻 쓰기
521. know [nou]	
522. opinion [əpínjən]	
523. inquire [inkwáiər]	
524. lake [leik]	
525. bored [bɔːrd]	
526. active [ǽktiv]	
527. calm [kaːm]	
528. wall [wɔːl]	
529. aide [eid]	
530. work [wəːrk]	

♥ 위 열 개의 영어단어와 뜻을 소리 내어 한 번씩 빠르게 읽어 보세요.
♥ 단어암기 훈련 시 기록이 단축되도록 3차까지 소요시간을 꼭 기록하세요.

[1차 소요시간   초]   [2차 소요시간   초]   [3차 소요시간   초]

531 cheer~533 physical 영어단어 유음 및 구조화 연상 [1]

[치어걸, 공 패스, 신체에 난 피지의 장]

531. **cheer** : (명) 환호, 갈채
　　[tʃíər] 치어
　　스토리 연상 : 야구경기장의 사람들이 **치어**걸 등장에 **환호**하다.

532. **past** : (형) 과거의, 지나간 (명) 과거
　　[pæst] 패스트
　　스토리 연상 : 공은 벌써 **패스**했는데 이제 **트**집 잡는 것은 **과거의** 이야기일 뿐이다.

533. **physical** : (형) 육체의, 신체의, 자연의
　　[fízikəl] 피지컬
　　스토리 연상 : 내 **신체의**, **육체의** 피부에서 나오는 **피지**를 **걸**레로 닦아내다.

그림 구조화 연상
야구경기장의 사람들이 **치어**걸 등장에 **환호**하며, 공은 벌써 **패스**했는데 이제 **트**집 잡는 것은 **과거의** 이야기일 뿐이며, 내 **신체의**, **육체의** 피부에서 나오는 **피지**를 **걸**레로 닦아내다.

534 quarrel~536 happen
영어단어 유음 및 구조화 연상 [2]

[말다툼하는 옆에, 현금 위에 쉬하는 개, 웃음의 장]

534. quarrel : (명) 말다툼, 싸움, 다툼
[kwɔ́ːrəl] 쿼럴
스토리 연상 : 말다툼할 때 서로 상대방의 **코를** 잡아당기며 **싸우다**.

535. cash : (명) 현금, 돈
[kæʃ] 캐쉬
스토리 연상 : **현금** 위에 암캐인지, 숫캐인지 모르지만 **캐**(개)가 **쉬**를 한다.

536. happen : (동) (일, 사건 등이) 일어나다, 생기다, 우연히 하다
[hǽpən] 해픈
스토리 연상 : 나의 웃음이 해~하고 **헤픈** 것은 애인이 생겨서 **일어나다**.

그림 구조화 연상 STUDY

말다툼할 때 서로 상대방의 **코를** 잡아당기며 **싸우다**. 그리고 **현금** 위에 암캐인지, 숫캐인지 모르지만 **캐**가 **쉬**를 하고 있으며, 나의 웃음이 해~하고 **헤픈** 것은 애인이 생겨서 **일어나는** 현상이다.

| 537 sweeping~540 surmise | 영어단어 유음 및 구조화 연상 [3] |

[스위스, 몇 개의 섬, 새의 날개, 섬에 있는 아이의 장]

537. sweeping : (형) 일소하는, 모조리, 포괄적인, 소탕하는, 휩쓸어 가는
[swíːpiŋ] 스위핑
스토리 연상 : 스위스에 간다고 핑계를 대고, 대대적으로 모조리 놀러 갔다.

538. some : (형) 얼마간의, 사람에 따라, 다소, 약간의, 몇 개의, 어떤
[səm; (강) sʌm,] 썸
스토리 연상 : 나는 몇 개의 섬을 가지고 있다.

539. fold : (동) 접다, 끼다, 안다, 싸다
[fould] 폴드
스토리 연상 : '꽝' 하고 포가 울더니 새가 겁에 질려 날개를 접다, 서로 껴안다.

540. surmise : (동) 짐작(추측)하다, ~라고 생각하다
[sərmáiz] 서마이즈
스토리 연상 : 섬 구경하는 아이를 보고 섬, 아이지? 라고 추측하다.

그림 구조화 연상

스위스에 간다고 핑계를 대고, 대대적으로 모조리 놀러 갔으며, 나는 몇 개의 섬을 가지고 있다고 자랑하는데 '꽝' 하고 포가 울더니 새가 겁에 질려 날개를 접다, 서로 껴안다. 그리고 섬 구경하는 아이를 보고 섬, 아이지? 라고 추측하다.

chapter 54  영어단어 뜻 확인 [test 531~540]

아래 영어단어를 읽고 구조화로 연상되는 단어의 뜻을 써 보세요.

영어단어	연상하여 뜻 쓰기
531. cheer [tʃíər]	
532. past [pæst]	
533. physical [fízikəl]	
534. quarrel [kwɔ́ːrəl]	
535. cash [kæʃ]	
536. happen [hǽpən]	
537. sweeping [swíːpiŋ]	
538. some [səm; (강) sʌ́m]	
539. fold [fould]	
540. surmise [sərmáiz]	

♥ 위 열 개의 영어단어와 뜻을 소리 내어 한 번씩 빠르게 읽어 보세요.
♥ 단어암기 훈련 시 기록이 단축되도록 3차까지 소요시간을 꼭 기록하세요.

[1차 소요시간   초]   [2차 소요시간   초]   [3차 소요시간   초]

541 chore~543 genuine 　　　영어단어 유음 및 구조화 연상 [1]

[추워하는 아이, 캔, 누이의 장]

541. chore : (명) 자질구레한 일, 허드렛일
[tʃɔːr] 초어
스토리 연상 : 겨울에 날씨가 **추워**서 자질구레한 일, 허드렛일은 하기 힘들다.

542. can : (동) ~할 수 있다
[kən, kæn] 캔　　　**참고** can : 깡통, 양철통
스토리 연상 : 나는 빈 **캔**만 있으면 무엇이든 ~할 수 있다.

543. genuine : (형) 진짜의, 진품의, 성실한, 진심의
[dʒénjuin] 제뉴인
스토리 연상 : 저 애의 누이를 보고 **쟤 누인** 진짜로 성실한 사람이라고 생각하다.

그림 구조화 연상 STUDY
겨울에 날씨가 **추워**서 자질구레한 일, 허드렛일은 하기 힘들다. 하지만 나는 빈 **캔**만 있으면 무엇이든 **~할 수 있다**. 그리고 저 애의 누이를 보고 **쟤 누인** 진짜로 성실한 사람이라고 생각하다.

544 early~546 believe 　　　영어단어 유음 및 구조화 연상 [2]

[얼음, 외출하는 엄마, 이부자리 위에서 믿는 자의 장]

544. early : (부) 일찍이, 일찍부터, 이른, 초기의, 가까운 장래의
[ə́ːrli] 얼리
스토리 연상 : 오늘 얼음이 얼~리가 없으니 일찍이 일어나 일하자!

545. wear : (동) 입고(신고, 쓰고, 끼고)있다, (미소)띠고, 휴대하고 있다
[wεər] 웨어
스토리 연상 : 외출할 때 어머님들은 외투를 꼭 입고 있다.

546. believe : (동) 믿다, 생각하다
[bilíːv, bə-] 빌리브
스토리 연상 : 신을 믿는 자가 두 손을 빌며 이부자리 위에서 믿다.

그림 구조화 연상

오늘 얼음이 얼~리가 없으니 일찍이 일어나 일하자고 하며, 외출할 때 어머님들은 외투를 꼭 입고 있다. 그리고 신을 믿는 자가 두 손을 빌며 이부자리 위에서 믿다.

547 grade~550 already 영어단어 유음 및 구조화 연상 [3]

[2학년 학생, 턴하는 친구, 문제 푸는 아이, 줄 선 아이의 장]

547. grade : (명) 등급, 학년, 성적, 정도
[greid] 그레이드
스토리 연상 : 우리 2학년은 그래 이 두 등급으로 나누어져 있다.

548. return : (동) 되돌아가다, 돌려주다 (명) 귀환, 순환
[ritə́:rn] 리턴　　　　　참고 turn : 돌리다, 돌다, 회전시키다
스토리 연상 : 같이 가던 친구가 니가 턴하니 오던 길로 되돌아가다.

549. reply : (동) 대답하다, 답변하다 (명) 대답
[riplái] 리플라이
스토리 연상 : 이제는 계산 문제도 니~플 나이지 하니, 예하고 대답하다.

550. already : (부) 이미, 벌써
[ɔːlrédi] 얼레디
스토리 연상 : 표사는 곳에 줄이 얼레! 저 뒤에 있었는데 이미, 벌써 앞에 왔다.

그림 구조화 연상 STUDY

우리 2학년은 그래 이 두 등급으로 나누어져 있으며, 같이 가던 친구가 니가 턴하니 오던 길로 되돌아가다. 너도 이제는 계산문제도 니~플 나이지 하니, 예하고 대답하다. 그리고 표사는 곳에 줄이 얼레! 저 뒤에 있었는데 이미, 벌써 앞에 왔다.

chapter 55 영어단어 뜻 확인 [test 541~550]

아래 영어단어를 읽고 구조화로 연상되는 단어의 뜻을 써 보세요.

영어단어	연상하여 뜻 쓰기
541. chore [tʃɔːr]	
542. can [kən, kæn]	
543. genuine [dʒénjuin]	
544. early [ə́ːrli]	
545. wear [wɛər]	
546. believe [bilíːv, bə-]	
547. grade [greid]	
548. return [ritə́ːrn]	
549. reply [riplái]	
550. already [ɔːlrédi]	

♥ 위 열 개의 영어단어와 뜻을 소리 내어 한 번씩 빠르게 읽어 보세요.
♥ 단어암기 훈련 시 기록이 단축되도록 3차까지 소요시간을 꼭 기록하세요.

[1차 소요시간   초]   [2차 소요시간   초]   [3차 소요시간   초]

551 hungry~553 beg

영어단어 유음 및 구조화 연상 [1]

[배고픈 형, 도둑, 구걸하는 사람의 장]

551. **hungry** : (형) 배고픈
 [hʌŋgri] 헝그리
 스토리 연상 : 동생이 **형! 그리**도 배고파? **배고픈** 척 하지 마!

552. **thief** : (명) 도둑, 절도
 [θiːf] 띠프
 스토리 연상 : **도둑**이 **절도**한 물건을 길을 가면서 **띠**로 **프**리고 다니다.

553. **beg** : (동) (돈, 옷, 밥 등을) 구걸하다, 빌다
 [beg] 벡
 스토리 연상 : 거지가 돈과 밥을 얻기 위해 **백**번이나 절하며 **빌다**, **구걸하다**.

그림 구조화 연상

동생이 **형! 그리**도 배고파? **배고픈** 척 하지 말라고 하니, **도둑**이 **절도**한 물건을 길을 가면서 **띠**로 **프**리고 다니며, 거지가 돈과 밥을 얻기 위해 **백**번이나 절하며 **빌다**, **구걸하다**.

554 habit~556 nest 영어단어 유음 및 구조화 연상 [2]

[햇빛 쬐는 악어, 먹이 먹는 새, 글러브의 장]

554. **habit** : (명) 습관, 버릇, 관습
 [hǽbit] 해빗
 스토리 연상 : 악어는 물에서 나와 햇빛 쬐는 습관과 버릇이 있다.

555. **several** : (형) 몇몇의, 수개의, 몇 개의
 [sévərəl] 세브럴
 스토리 연상 : 새를 오라고 하여 새 불러 놓고 몇 개의 먹이만 주다.

556. **nest** : (명) 보금자리, 둥지, 둥우리
 [nest] 네스트   참고 strike : 치다, 찌르다
 스토리 연상 : 새둥지로 만든 글러브에 공이 들어가니 주심이 네! 스트라이크라고 한다.

그림 구조화 연상

악어는 물에서 나와 햇빛 쬐는 습관과 버릇이 있으며, 새를 오라고 하여 새 불러 놓고 몇 개의 먹이만 주다. 그리고 새둥지로 만든 글러브에 공이 들어가니 주심이 네! 스트라이크라고 한다.

557 change~560 roll 영어단어 유음 및 구조화 연상 [3]

[자전거 체인, 짐받이 끈, 바퀴에 쇠사슬, 롤러의 장]

557. change : (동) 바꾸다, 갈아입다, 교환하다
[tʃeindʒ] 체인지   참고 chain : 쇠사슬
스토리 연상 : 자전거 체인이 오래돼서 **체인**을 **지금** **바꾸다**.

558. main : (형) 주된, 주요한, 중심을 이루는
[mein] 메인
스토리 연상 : 자전거 짐받이에 끈으로 **메인** 것은 음식에서 **주된** 재료이다.

559. chain : (명) 쇠사슬, 연쇄, 연속
[tʃein] 체인
스토리 연상 : 자전거 바퀴가 잘 돌 수 없게 **쇠사슬**로 된 **체인**이 연결되어 있다.

560. roll : (동) 구르다, 굴리다 (명) 회전
[roul] 롤
스토리 연상 : 공원에서 **롤**러스케이트 바퀴가 잘 **구르다**.

그림 구조화 연상 STUDY

자전거 체인이 오래돼서 **체인**을 **지금** **바꾸다**. 그리고 자전거 짐받이에 끈으로 **메인** 것은 음식에 **주된** 재료이며, 자전거 바퀴가 잘 돌 수 없게 **쇠사슬**로 된 **체인**이 연결되어 있으며, 공원에서 **롤**러스케이트 바퀴가 잘 **구르다**.

chapter 56  영어단어 뜻 확인 [test 551~560]

아래 영어단어를 읽고 구조화로 연상되는 단어의 뜻을 써 보세요.

영어단어	연상하여 뜻 쓰기
551. hungry [hʌŋgri]	
552. thief [θíːf]	
553. beg [beg]	
554. habit [hǽbit]	
555. several [sévərəl]	
556. nest [nest]	
557. change [tʃeindʒ]	
558. main [mein]	
559. chain [tʃein]	
560. roll [roul]	

♥ 위 열 개의 영어단어와 뜻을 소리 내어 한 번씩 빠르게 읽어 보세요.
♥ 단어암기 훈련 시 기록이 단축되도록 3차까지 소요시간을 꼭 기록하세요.

[1차 소요시간   초] [2차 소요시간   초] [3차 소요시간   초]

561 agreement~563 mend　　　**영어단어 유음 및 구조화 연상 [1]**

[오그린 손가락, 유모, 아기 옷 수선의 장]

561. **agreement** : (명) 일치, 협정, 동의, 합의
   [əgríːmənt] 어그리먼트
   스토리 연상 : 친구에게 손가락을 오그리면 틀림없이 동의한다는 뜻이다.

562. **humor** : (명) 유머, 익살, 해학
   [hjúːmər] 유머
   스토리 연상 : 우리 집 유모는 유머가 있으며 익살스럽게 아기를 잘 돌본다.

563. **mend** : (동) 수선하다, 고치다, 개선하다
   [mend] 멘드
   스토리 연상 : 아기의 옷을 수선하여 좋게 멘드는(만드는) 중이다.

그림 구조화 연상 STUDY
친구에게 손가락을 오그리면 틀림없이 동의한다는 뜻이며, 우리 집 유모는 유머가 있으며 익살스럽게 아기를 잘 돌보고, 아기의 옷을 수선하여 좋게 멘드는 중이다.

564 volcanic~566 car   영어단어 유음 및 구조화 연상 [2]

[화산, 경마장, 멋진 자동차의 장]

564. volcanic : (형) 화산의
[vɑlkǽnik] 발케닉   참고 volcano : 화산
스토리 연상 : 화산의 불이 **빨게니**까 불화산이다.

565. ride : (동) 말을 타다, 타다
[raid] 라이드
스토리 연상 : 경마장에서 **나이든** 노인이 **말을 타**다.

566. car : (명) 자동차
[kaːr] 카
스토리 연상 : 멋진 **자동차**를 보니 **카**! 멋있다고 소리를 내다.

그림 구조화 연상

화산의 불이 **빨게니**까 불화산이며, 경마장에서 **나이든** 노인이 **말을 타**다. 그리고 멋진 **자동차**를 보니 **카**! 하고 멋있다고 소리를 내다.

567 place~570 outside　　　　영어단어 유음 및 구조화 연상 [3]

[갈대의 풀, 잔디, 경기장 내부, 바깥쪽의 장]

567. **place** : (명) 장소, 공간 (동) 두다
　　　[pleis] 플레이스
　　　스토리 연상 : 내가 갈대가 있는 풀에 있으니 나의 장소, 나의 공간이다.

568. **grass** : (명) 풀, 잔디밭
　　　[græs] 그래스　　　참고 glass : 유리, 컵, 유리제품
　　　스토리 연상 : 아이들이 잔디밭에 앉아서 글을 쓰다가 왔다.

569. **inside** : (형) 내부에 있는, 안쪽의
　　　[ínsáid] 인사이드
　　　스토리 연상 : 경기장에 음식을 사람(人)인 사이로 드리니 그곳이 안쪽의, 내부이다.

570. **outside** : (형) 밖의, 바깥쪽의
　　　[áutsáid] 아웃사이드
　　　스토리 연상 : 경기장 바깥쪽에서 아우(나이 적은 사람)가 사이 틈으로 경기를 구경하고 있다.

그림 구조화 연상

내가 갈대가 있는 풀에 있으니 나의 장소, 나의 공간이며, 아이들이 잔디밭에 앉아서 글을 쓰다가 왔다. 그리고 경기장에 음식을 사람(人)인 사이로 드리니 그곳이 안쪽의, 내부이며, 경기장 바깥쪽에서 아우가 사이 틈으로 경기를 구경하고 있다.

chapter 57  영어단어 뜻 확인 [test 561~570]

아래 영어단어를 읽고 구조화로 연상되는 단어의 뜻을 써 보세요.

영어단어	연상하여 뜻 쓰기
561. agreement [əgríːmənt]	
562. humor [hjúːmər]	
563. mend [mend]	
564. volcanic [vɑlkǽnik]	
565. ride [raid]	
566. car [kaːr]	
567. place [pleis]	
568. grass [græs]	
569. inside [ínsáid]	
570. outside [áutsáid]	

♥ 위 열 개의 영어단어와 뜻을 소리 내어 한 번씩 빠르게 읽어 보세요.
♥ 단어암기 훈련 시 기록이 단축되도록 3차까지 소요시간을 꼭 기록하세요.

[1차 소요시간   초]   [2차 소요시간   초]   [3차 소요시간   초]

571 participate~573 allow

영어단어 유음 및 구조화 연상 [1]

[파티에 페인트 통, 새아기 댁, 옥상에 올라오라의 장]

571. **participate** : (동) 참여하다, 참가하다, 관여하다
   [pɑːrtísəpèit] 파티시페이트
   스토리 연상 : 나는 **파티**가 있는 **시**내에서 **페인트** 통을 들고 **참가하다**.

572. **architect** : (명) 건축가
   [ɑ́ːrkətékt] 아키텍트
   스토리 연상 : 시집온 새**아기 댁도 건축가**처럼 집을 잘 꾸며 놓았다.

573. **allow** : (동) 허락하다, 허가하다, 주다
   [əláu] 얼라우
   스토리 연상 : 집 주인이 옥상으로 **올라오**라고 **허락하다**.

그림 구조화 연상 STUDY

나는 **파티**가 있는 **시**내에서 **페인트** 통을 들고 **참가하다**. 그리고 시집온 새**아기 댁도 건축가**처럼 집을 잘 꾸며 놓았으며, 집 주인이 옥상으로 **올라오**라고 **허락하다**.

574 single~576 garbage

영어단어 유음 및 구조화 연상 [2]

[싱글벙글, 페트병 속 애완동물, 갈비집의 장]

574. **single** : (명) 단 하나의, 혼자의, 독신의
 [síŋgl] 싱글
 스토리 연상 : 혼자 사는 것이 편해 싱글벙글 웃는 사람은 독신자이다.

575. **pet** : (명) 애완동물, 귀여운 사람 (형) 귀여운
 [pet] 펫
 스토리 연상 : 음료수 페트병 속에서 애완동물을 기르다.

576. **garbage** : (명) 음식찌꺼기, 쓰레기
 [gάːrbidʒ] 갈비지
 스토리 연상 : 갈비집 음식찌꺼기는 갈비지! 먹고 난 고기의 뼈를 쓰레기로 버리다.

그림 구조화 연상

혼자 사는 것이 편해 싱글벙글 웃는 사람은 독신자이며, 음료수 페트병 속에서 애완동물을 기르고, 갈비집에 음식찌꺼기는 갈비지! 먹고 난 고기의 뼈를 쓰레기로 버리다.

577 sad~580 excited 영어단어 유음 및 구조화 연상 [3]

[나뭇가지에 새, 머리 위에 새, 슈크림, 익사한 E·T의 장]

577. sad : (형) 슬픈, 슬프게 하는, 애처로운
[sæd] 새드
스토리 연상 : 나뭇가지에 새도 슬픈지 애처로이 슬프게 운다.

578. pick : (동) 쪼다, 뜯다, 뽑다
[pík] 픽
스토리 연상 : 내 머리 위 새가 갑자기 픽 쓰러지며 머리를 쪼다.

579. scream : (동) 소리치다, 비명 지르다
[skríːm] 스크림
스토리 연상 : 친구가 갑자기 얼굴에 슈크림을 바르더니 소리치다.

580. excited (형) 흥분한, 자극받은
[iksáitid] 익사이티드
스토리 연상 : 외계인이 익사한 E·T들을 보고 흥분한 것 같다.

그림 구조화 연상 STUDY

나뭇가지에 새도 슬픈지 애처로이 슬프게 울며, 내 머리 위 새가 갑자기 픽 쓰러지며 머리를 쪼다. 그리고 친구가 갑자기 얼굴에 슈크림을 바르더니 소리치다. 또한 외계인이 익사한 E·T들을 보고 흥분한 것 같다.

chapter 58 영어단어 뜻 확인 [test 571~580]

아래 영어단어를 읽고 구조화로 연상되는 단어의 뜻을 써 보세요.

영어단어	연상하여 뜻 쓰기
571. participate [pɑːrtísəpèit]	
572. architect [áːrkətèkt]	
573. allow [əláu]	
574. single [síŋgl]	
575. pet [pet]	
576. garbage [gáːrbidʒ]	
577. sad [sæd]	
578. pick [pík]	
579. scream [skríːm]	
580. excited [iksáitid]	

♥ 위 열 개의 영어단어와 뜻을 소리 내어 한 번씩 빠르게 읽어 보세요.
♥ 단어암기 훈련 시 기록이 단축되도록 3차까지 소요시간을 꼭 기록하세요.

[1차 소요시간   초]   [2차 소요시간   초]   [3차 소요시간   초]

581 carry~583 sorrow

영어단어 유음 및 구조화 연상 [1]

[광산에서 금, 100번 나르고, 서러워 우는 슬픔의 장]

581. **carry** : (동) 나르다, 운반하다, 전하다, 이르다
 [kǽri] 캐리
 스토리 연상 : 나는 광산에서 금을 캐리, 캔 것을 나르다, 운반하다.

582. **backbone** : (명) 등뼈, 척추
 [bǽkbòun] 백본
 스토리 연상 : 물건의 번호 백을 본 다음 짐을 백번씩이나 나르니 등뼈가 아프다.

583. **sorrow** : (명) 슬픔, 비애, 비통, 애도
 [sárou] 소로우
 스토리 연상 : 갑자기 친구가 죽어 서러우니 슬픔이 오고 비통하다.

그림 구조화 연상

나는 광산에서 금을 캐리, 캔 것을 나르다, 운반하다. 그리고 물건의 번호 백을 본 다음 짐을 백번씩이나 나르니 등뼈가 아프며, 갑자기 친구가 죽어 서러우니 슬픔이 오고 비통하다.

584 eraser~586 marvel 영어단어 유음 및 구조화 연상 [2]

[칠판에서 레이스, 자동차 경주, 말 위에 벌의 장]

584. **erase** : (동) 지우다, 삭제하다
    [iréis] 이레이스   참고 race : 경주, 경주하다, 질주하다
    스토리 연상 : 교실 칠판의 문제를 2명이 레이스(레이스가 달린 천 모양)하며 지우다, 삭제하다.

585. **race** : (동) 경주하다 (명) 인종, 민족, 씨족
    [reis] 레이스   참고 lace : 끈, 끈으로 묶다
    스토리 연상 : 경주할 때는 인종차별 없이 예쁜 끈, 레이스를 묶고 경주하다.

586. **marvel** : (동) 놀라다, 경탄하다, 감탄하다 (명) 놀라운 일
    [máːrvəl] 마벌
    스토리 연상 : 말마(馬) 위에 벌이 타고 달리니 놀라다, 경탄하다.

그림 구조화 연상 STUDY

교실 칠판의 문제를 2명이 레이스하며 지우다, 삭제하다. 그리고 경주할 때는 인종차별 없이 예쁜 끈, 레이스를 묶고 경주하다. 또한 말마(馬) 위에 벌이 타고 달리니 놀라다, 경탄하다.

587 pain~590 bottle — 영어단어 유음 및 구조화 연상 [3]

[샴페인과 담배, 근심 걱정, 잡채와 스틱, 병 만드는 틀의 장]

587. pain : (명) 고통, 아픔, 고뇌 (동) 괴롭히다
[pein] 페인
스토리 연상 : 샴**페인** 마시고 담배 피워서 **페인**이 되어버리면 **고통**스럽다.

588. care : (명) 근심, 걱정, 주의, 조심 (동) 걱정하다
[kɛər] 케어
스토리 연상 : 가슴속에 있는 **근심, 걱정** 따위를 호미로 **캐어**버려!

589. chopstick : (명) 젓가락
[tʃɑ́pstík] 찹스틱   참고 stick : 막대기, 지팡이, 나무토막
스토리 연상 : **찹**찹한 마음에 **잡**채를 먹을 때 드럼**스틱**으로 **젓가락**을 대용한다.

590. bottle : (명) 병, 한 병의 분량 (동) 병에 담다
[bɑ́tl] 보틀
스토리 연상 : **병** 만드는 공장에서 **병**은 **보통 틀**에 만들어져 나온다.

그림 구조화 연상 STUDY

샴**페인** 마시고 담배 피워서 **페인**이 되어버리면 **고통**스럽고, 가슴속에 있는 **근심, 걱정** 따위를 호미로 **캐어**버리고 나서, **찹**찹한 마음에 **잡**채를 먹을 때 드럼**스틱**으로 **젓가락**을 대용하며, **병** 만드는 공장에서 **병**은 **보통 틀**에 만들어져 나온다.

chapter 59  영어단어 뜻 확인 [test 581~590]

아래 영어단어를 읽고 구조화로 연상되는 단어의 뜻을 써 보세요.

영어단어	연상하여 뜻 쓰기
581. carry [kǽri]	
582. backbone [bǽkbòun]	
583. sorrow [sárou]	
584. erase [iréis]	
585. race [reis]	
586. marvel [máːrvəl]	
587. pain [pein]	
588. care [kɛər]	
589. chopstick [tʃápstík]	
590. bottle [bάtl]	

♥ 위 열 개의 영어단어와 뜻을 소리 내어 한 번씩 빠르게 읽어 보세요.
♥ 단어암기 훈련 시 기록이 단축되도록 3차까지 소요시간을 꼭 기록하세요.

[1차 소요시간   초]   [2차 소요시간   초]   [3차 소요시간   초]

| 591 holy~593 certainty | 영어단어 유음 및 구조화 연상 [1] |

[신성한 성지에서 여우, 분필, 행동이 서툰 사람의 장]

591. **holy** : (형) 신성한, 성스러운, 거룩한
 [hóuli] 홀리
 스토리 연상 : 거룩하고 신성한 곳 성지에서 여우에게 홀리다.

592. **chalk** : (명) 분필, 백묵, 초크
 [tʃɔːk] 초크
 스토리 연상 : 특이한 초코색 분필은 척보면 안다.

593. **certainty** : (명) 확실히, 틀림없이
 [sə́ːrtnti] 서튼리
 스토리 연상 : 행동이 서~툰, 니가 싫어하는 일을 이제 확실히 알았다.

그림 구조화 연상

거룩하고 신성한 곳 성지에서 여우에게 홀리다. 그리고 특이한 초코색 분필은 척보면 알고, 행동이 서~툰, 니가 싫어하는 일을 이제 확실히 알았다.

594 knowledge~596 fighter | 영어단어 유음 및 구조화 연상 [2]

[머릿속 지식, 돌처럼 우둔한, 파들고 이 때리기의 장]

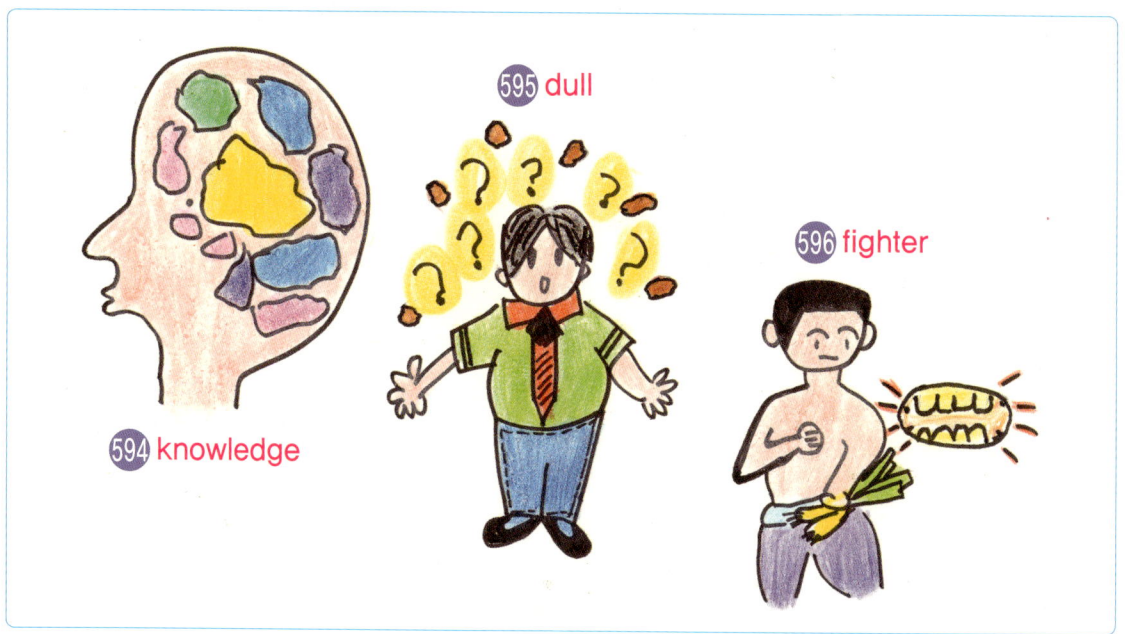

594. knowledge : (명) 지식, 학식
[nάlidʒ] 날리지
스토리 연상 : 머릿속에 **지식**이 많으면 이름을 **날리지**!

595. dull : (형) 무딘, 우둔한
[dʌl] 덜
스토리 연상 : **돌**처럼 **우둔한** 사람은 **덜** 떨어진 사람이다.

596. fighter : (명) 투사, 싸우는 사람
[fáitər] 파이터
스토리 연상 : 투사가 **파**로 **이 터**지도록 때리고 **싸우는** 사람도 있다.

그림 구조화 연상

머릿속에 **지식**이 많으면 이름을 **날리지**! 그리고 **돌**처럼 **우둔한** 사람은 **덜** 떨어진 사람이며, **투사**가 **파**로 **이 터**지도록 때리고 **싸우는** 사람도 있다.

597 ugly~600 last

영어단어 유음 및 구조화 연상 [3]

[못생긴 얼굴, 미망인, 취한 사람, 라디오의 장]

597. ugly : (형) 추한, 추악한, 못생긴
[ʌgli] 어그리
스토리 연상 : 어! 그리도 못생긴 얼굴에 추한 모습까지 보이다니!

598. widow : (명) 미망인, 과부
[wídou] 위도우
스토리 연상 : 미망인, 과부들은 위도 좋은가봐! 술을 많이 마셔도 괜찮아!

599. chair : (명) 의자, 의장
[tʃɛər] 체어
스토리 연상 : 술에 취어(취해) 의자에 걸려 넘어지다.

600. last : (명) 최후의, 바로 이전의, 최근의, 맨 마지막, 끝의
[læst] 라스트
스토리 연상 : 이제 영어단어가 마지막이니 라디오 음악을 듣고 스트레스 풀자!

그림 구조화 연상

어! 그리도 못생긴 얼굴에 추한 모습까지 보이며, 미망인, 과부들은 위도 좋은가봐! 술을 많이 마셔도 괜찮아! 그리고 술에 취어 의자에 걸려 넘어지다. 이제는 영어단어가 마지막이니 라디오 음악을 듣고 스트레스 풀자!

chapter 60 영어단어 뜻 확인 [test 591~600]

아래 영어단어를 읽고 구조화로 연상되는 단어의 뜻을 써 보세요.

영어 단어	연상하여 뜻 쓰기
591. holy [hóuli]	
592. chalk [tʃɔːk]	
593. certainty [sə́ːrtnti]	
594. knowledge [nɑ́lidʒ]	
595. dull [dʌl]	
596. fighter [fáitər]	
597. ugly [ʌgli]	
598. widow [wídou]	
599. chair [tʃɛər]	
600. last [læst]	

♥ 위 열 개의 영어 단어와 뜻을 소리 내어 한 번씩 빠르게 읽어 보세요.
♥ 단어암기 훈련 시 기록이 단축되도록 3차까지 소요시간을 꼭 기록하세요.

[1차 소요시간   초]   [2차 소요시간   초]   [3차 소요시간   초]

Index [A~Z]

A part

- 5. abhor 앱호어
- 6. abroad 어브로드
- 7. academy 아카데미
- 9. ache 에익
- 16. advise 어드바이즈
- 20. address 어드레스
- 37. again 어게인
- 49. age 에이지
- 52. agree 어그리
- 59. also 올소
- 71. amaze 어메이즈
- 87. angry 앵그리
- 92. all 올
- 101. among 어멍
- 109. ancestor 앤서스터
- 112. anniversary 애니버서리
- 116. alone 얼론
- 126. arrive 어라이브
- 127. answer 앤써
- 139. anarchy 애너키
- 148. anthem 앤섬
- 156. anyway 애니웨이
- 161. arm 아암
- 162. arms 암즈
- 163. army 아미
- 167. ankle 앵클
- 176. appeal 어필
- 181. arrival 어라이벌
- 192. achievement 어치브먼트
- 194. antique 앤틱
- 205. autumn 오텀
- 212. arbitrary 아비트러리
- 214. away 어웨이
- 220. arrange 어렌지
- 238. ambitious 엠비셔스
- 243. assassin 어쌔신
- 249. ax 액스
- 251. article 아티클
- 274. appear 어피어
- 280. avert 어버트
- 285. ascent 어센트
- 310. ahead 어헤드
- 341. angel 엔젤
- 349. admit 에드밋
- 364. asset 에셋
- 371. adjourn 어전
- 373. alike 얼라익
- 378. according 어코딩
- 383. apply 어플라이
- 393. attach 어태치
- 399. alimony 엘러모니
- 456. average 애버리지
- 485. abbey 애비
- 508. aquarium 아쿠아리엄
- 510. argue 아규
- 526. active 액티브
- 529. aide 에이드
- 550. already 얼레디
- 561. agreement 어그리먼트
- 572. architect 아키텍트
- 573. allow 얼라우

B part

- 2. beginning 비기닝
- 73. broadcasting 브로드캐스팅
- 184. bee 비
- 190. beer 비어
- 217. beauty 뷰티
- 231. bamboo 뱀부
- 235. beckon 베컨
- 242. bark 바크
- 250. battle 배틀
- 261. bedroom 베드룸
- 275. bird 버드
- 282. birthday 버스데이
- 283. bonanza 버낸저
- 286. beard 비어드
- 291. bite 바이트
- 302. blind 블라인드
- 315. blue 불루
- 321. blossom 블라섬
- 328. base 베이스
- 335. backpedal 백페덜
- 358. bullet 블릿
- 360. bail 베일
- 362. bad 배드
- 363. blow 블로우
- 368. blood 블러드
- 369. bend 밴드
- 381. breathe 브리드
- 390. bridge 브리지
- 394. blaze 블레이즈
- 395. brother 브라더
- 407. bright 브라이트
- 408. bottom 바텀
- 410. bullshit 불싯
- 413. brown 브라운
- 422. body 보디
- 429. burn 번
- 440. bury 베리
- 441. busy 비지
- 452. bachelor 배철러
- 453. blanket 블랭킷
- 455. butterfly 버터플라이
- 469. buyer 바이어
- 475. break 브레익
- 479. behind 비하인드
- 507. bath 베스
- 520. beat 비트
- 525. bored 볼드
- 546. believe 빌리브
- 553. beg 벡
- 582. backbone 백본
- 590. bottle 보틀

C part

- 23. chin 친
- 32. china 차이나
- 38. cold 콜드
- 61. city 시티
- 68. color 컬러
- 80. coin 코인
- 85. clear 클리어
- 97. come 컴
- 100. cloth 클로스
- 106. coal 콜
- 124. cloud 클라우드
- 125. cloudy 클라우디
- 131. combat 컴뱃
- 151. couple 커플
- 154. commerce 카머스
- 168. company 컴파니
- 170. console 콘솔
- 175. charity 채러티
- 180. coworker 코워커
- 182. conversation 칸버세이션
- 183. carrot 캐럿
- 189. contest 칸테스트
- 195. couch 카우치
- 201. cool 쿨

216. choose 추스
219. convoy 칸보이
226. corner 코너
244. cough 코프
262. crocodile 크로커다일
264. candid 캔디드
267. count 카운트
269. cheap 칩
271. courage 커리쥐
295. candidate 캔디데이트
300. charm 참
301. cause 커즈
307. cover 커버
312. cartoon 카툰
313. certain 서튼
323. cinema 시네마
324. careful 케어풀
347. cage 케이지
354. chasm 캐즘
356. citizen 시티전
379. cook 쿡
398. calamitous 컬레머터스
400. chief 치프
435. center 센터
436. ceremony 세레모니
438. cottage 카티지
443. convince 컨빈스
472. chemical 케미컬
474. contract 컨트랙트
481. cherish 체리쉬
486. church 처치
489. camera 캐머러
492. chew 추
505. call 콜
527. calm 캄
531. cheer 치어
535. cash 캐쉬
541. chore 초어
542. can 캔
557. change 체인지
559. chain 체인
566. car 카
581. carry 캐리
588. care 케어
589. chopstick 찹스틱
592. chalk 초크
593. certainty 서튼티
599. chair 체어

D part
12. dish 디쉬
24. doll 달
30. dive 다이브
48. dolphin 돌핀
65. dome 돔
90. drinking 드링킹
115. disappear 디서피어
152. dove 덥
172. downtown 다운타운
221. death 데스
227. doctor 닥터
232. drug 드럭
273. despise 디스파이즈
284. donkey 돈키
296. dream 드림
305. deaf 뎁
316. daily 데일리
319. dawn 돈
330. direction 디렉션
337. dozen 더즌
344. dirty 덜티
367. dear 디어
384. different 디퍼런트
402. die 다이
421. decide 디사이드
424. derive 디라이브
448. defeat 디핏
457. desert 디저트
460. dialog 다이얼록
493. delicious 딜리셔스
506. double 더블
595. dull 덜

E part
21. eating 이팅
27. easily 이즐리
31. early 어얼리
45. earn 언
55. elephant 엘리펀트
69. elementary 엘리멘트리
113. ever 에버
123. each 이취
138. emergency 이머전시
206. expression 익스프레션
236. event 이벤트
293. engineer 엔지니어
311. enjoy 엔조이
342. enough 이너프
359. especially 이스페셜리
370. everyone 에브리원
391. exit 에그짓
392. empty 엠프티
406. excuse 익스큐즈
417. excite 익사이트
428. export 익스포트
430. eye 아이
544. early 얼리
580. excited 익사이티드
584. erase 이레이스

F part
19. fable 페이블
26. face 훼이스
29. fish 피쉬
35. funny 퍼니
39. fortune 포천
41. factory 팩토리
46. freeze 프리즈
58. fox 폭스
66. fruit 후룻츠
76. frighten 프라이턴
86. finally 파이널리
88. fall 포올
89. fill 필
119. future 퓨쳐
129. fire 파이어
130. find 파인드
134. festival 페스티벌
160. fear 피어
164. figure 피규어
178. female 피메일
199. fog 포그
225. fair 페어
230. fatigue 퍼티그
252. far 파
277. fresh 프레쉬
281. fit 피트
288. fully 풀이
299. fool 풀
325. farm 팜
331. fat 패트
339. floor 플로어
343. finish 피니쉬
353. feudal 퓨덜
377. feed 피드
420. foe 포
437. familiar 퍼밀리어
462. flower 플라워
473. fluid 플루이드
498. farmer 파머
509. fart 파트
518. faculty 패컬티
539. fold 폴드
596. fighter 파이터

G part
15. garden 가든
17. gate 게이트
72. great 그레이트
94. grab 그랩
98. ghost 고스트
102. gift 기프트
107. grade 그레이드
132. general 제너럴
158. greeting 그리팅
196. garage 거라지
198. girl 걸
211. ginseng 진셍
241. gape 게잎
260. goose 구스
340. guest 게스트

346. grasp 그래스프
357. gun 건
412. gentleman 젠틀맨
415. grasshopper 그래스하퍼
431. give 기브
476. gasoline 가솔린
543. genuine 제뉴인
547. grade 그레이드
568. grass 그래스
576. garbage 갈비지

H part
36. harvest 하비스트
44. hang 행
67. hill 힐
78. hardworking 하드워킹
79. hard 하드
103. holiday 할러데이
117. honest 아니스트
122. hobby 하비
136. hug 허그
207. hunt 헌트
253. huge 휴즈
303. heaven 헤븐
309. hat 해트
317. haunt 헌트
320. hut 헛
385. hide 하이드
403. have 해브
490. here 히어로
504. hospital 하스피텔
536. happen 해픈
551. hungry 헝그리
554. habit 해빗
562. humor 유머
591. holy 홀리

I part
33. interest 인터리스트
50. ill 일
57. introduce 인트러듀스
84. information 인포메이션
135. interesting 인터레스팅
143. income 인컴
245. insane 인세인
270. inspect 인스펙트
442. idle 아이들
447. injure 인저
523. inquire 인콰이어
569. inside 인사이드

J part
108. just 저스트
111. joy 조이
292. join 조인
445. jungle 정글
468. jean 진

K part
110. king 킹
487. killer 킬러
501. knock 노크
521. know 노우
594. knowledge 날리지

L part
53. leader 리더
99. leave 리브
133. launder 론더
141. lazy 레이지
146. life 라이프
155. laughing 래핑
165. lend 렌드
171. location 로케이션
193. laughter 래프터
197. leaf 립
215. learn 런
222. language 랭귀지
247. leisure 레저
248. loser 루저
265. little 리틀
297. lawn 론
332. lunch 런치
388. license 라이센스
451. leggy 레기
497. lamb 램
524. lake 레이크
600. last 라스트

M part
13. museum 뮤지엄
34. movie 무비
40. money 머니
43. moon 문
47. mountain 마운틴
51. many 메니
74. man 맨
77. maiden 메이든
82. magazine 매거진
95. mess 메스
120. machine 머신
142. merchant 머천트
150. map 맵
169. matador 매터도
174. monk 멍크
187. meal 밀
218. measure 매저
256. mystery 미스터리
278. mock 막
279. mayor 메이어
322. manage 매니지
326. muggy 머기
348. meat 미트
376. memory 메모리
389. medal 메달
418. memorial 메모리얼
419. march 마치
426. mix 믹스
434. middle 미들
454. merry 메리
464. mind 마인드
513. match 매치
519. micro 마이크로
558. main 메인
563. mend 멘드
586. marvel 마벌

N part
70. near 니어
147. nation 네이션
233. nurse 너스
294. neighbor 네이버
355. nerve 너브
401. neglect 니글렉트
414. net 네트
466. nose 노즈
499. novel 나벌
556. nest 네스트

O part
224. option 압션
258. owner 오너
304. oral 오럴
306. order 오더
375. oval 오벌
405. original 오리지널
411. over 오버
483. ocean 오션
488. opponent 어포넌트
496. object 오브젝트
522. opinion 오피니언
570. outside 아웃사이드

P part
157. pardon 파든
166. prove 프루브
200. pond 폰드
229. physician 피지션
254. peculiar 피큘이어
276. pursue 퍼수
334. protest 프로테스트
350. part 파트
352. professor 프로페서
372. perceive 퍼시브
397. purpose 퍼포즈
404. package 패키지
427. port 포트
439. path 패스
477. prison 프리즌
482. piece 피스
494. prepare 프리페어
512. peril 페럴

516. pour 포~얼
532. past 패스트
533. physical 피지컬
567. place 플레이스
571. participate 파티시페이트
575. pet 펫
578. pick 픽
587. pain 페인

Q part
308. quit 퀴트
534. quarrel 쿼럴

R part
60. really 리얼리
96. rest 레스트
118. ready 레디
234. rust 러스트
237. reckon 레컨
255. remove 리무브
257. recipe 레서피
259. relative 릴러티브
289. rural 루럴
298. regular 레귤러
382. role 로울
416. result 리절트
423. repent 리펜트
433. rude 루드
444. rough 러프
491. real 리얼
548. return 리턴
549. reply 리플라이
560. roll 롤
565. ride 라이드
585. race 레이스

S part
1. start 스타트
54. shout 샤우트
56. skill 스킬
62. sleep 슬립
64. smooth 스무드
75. stay 스테이
83. sick 시크
91. surprised 서프라이즈드
104. site 사이트
128. seek 시크
140. squid 스퀴드
144. search 써치
145. sow 쏘우
149. situation 시추에이션
153. shore 쇼어
173. sweep 스위프
179. sorcery 소서리
188. sob 섭

202. sculptor 스컬프터
203. stock 스탁
204. sure 슈어
209. sovereign 소버린
210. shape 쉐이프
213. suspect 서스팩트
223. serious 시어리어스
228. surgical 서지컬
239. solar 솔러
240. scissors 시저즈
266. straw 스트로
268. scientist 사이언티스트
272. suffer 서퍼
290. scare 스캐어
314. summit 서미트
318. soothe 수더
327. son 썬
329. scene 신
336. send 센드
338. sweep 스위프
345. sensitive 센시티브
351. scholar 스콜라
366. shine 샤인
380. surprise 서프라이즈
386. sweat 스웨트
387. stone 스톤
409. smoke 스모크
425. side 사이드
432. sir 써
446. spectacle 스펙터클
450. siege 시지
458. sand 샌드
461. shower 샤워
465. supplement 서플먼트
467. symbol 심볼
470. silk 실크
500. success 석세스
503. shadow 새도우
511. survey 서베이
514. senior 시니어
515. slave 슬레이브
537. sweeping 스위핑
538. some 썸
540. surmise 서마이즈
555. several 세브럴
574. single 싱글
577. sad 새드
579. scream 스크림
583. sorrow 소로우

T part
93. tired 타이어드
105. tip 팁
121. twin 트윈
137. torment 토어멘트

177. torrent 토런트
185. thorn 쏜
333. thin 씬
374. tool 툴
396. tear 티어
449. terrible 테러블
459. tiny 타이니
480. torment 토~먼트
484. temple 템플
495. tower 타워
502. tongue 텅
552. thief 띠프

U part
63. upset 업셋
478. unfair 언페어
517. unique 유니크
597. ugly 어그리

V part
191. valley 밸리
208. voice 보이스
246. version 버전
365. very 베리
463. vase 베이스
471. vocal 보컬
564. volcanic 발케닉

W part
4. wretch 레취
8. wound 운드
10. worry 워리
11. worm 웜
14. worship 워십
18. wool 울
22. wolf 울프
25. win 윈
28. woe 워
42. wrong 롱
114. wait 웨잇
159. wake 웨이크
186. wing 윙
361. wet 웨트
528. wall 월
530. work 워크
545. wear 웨어
598. widow 위도우

Y part
3. yell 옐
81. yield 일드

Z part
263. zeal 질
287. zoo 쥬